Thanks to.

남편 Mr. Song & 딸 Little Miss. Song

그래 봐야 세끼 먹는다

그래 봐야 세끼 먹는다

초판 1쇄 인쇄 | 2021년 5월 17일
초판 1쇄 발행 | 2021년 5월 31일

지은이 | 신여사
발행인 | 이승용

편집주간 이상지 | **편집** 김태희 이수경
마케팅 이정준 정연우
북디자인 이영은 | **홍보영업** 백광석
제작 및 기획 백작가
검수 나단

브랜드 센세이션
문의전화 02-518-7191 | **팩스** 02-6008-7197
홈페이지 www.shareyourstory.co.kr
이메일 publishing@lovemylif2.com

발행처 (주)책인사
출판신고 2017년 10월 31일(제 000312호)
값 14,500원 | **ISBN** 979-11-90067-45-4 (13320)

＊ 센세이션 출판사는 (주)책인사의 퍼블리싱 그룹의 브랜드입니다.
＊ 이 책은 저작권법에 따라 보호받는 저작물이므로 무단 전재와 무단 복제를 금지하며,
   이 책의 전부 또는 일부를 이용하려면 반드시 센세이션 출판사의 서면 동의를 받아야
   합니다.

"
보통으로 산다는 건
보통 일이 아니야
"

사람 사는 거, 다 똑같아!

그래 봐야
세끼 먹는다

선여사 지음

SENSATION

목차

프롤로그

제 1 장

~~~~~~~~~~

나이가 들면 괜찮아지겠지

꿈은 모르겠고, 돈은 벌고 싶고 018

망상과 몽상의 한 끗 차이 023

그냥 믿어주고 응원해주면 덧나나 028

지금이 아니면 언제 033

태생이 영재지만 039

제 2 장

~~~~~~~~~~

평범하게 보통으로 산다는 것

명치끝에 걸린 짜증 046

평정심 050

어쩌다 엄마 055

나는야 카멜레온 060

시댁에서의 한 달 065

제 3 장

～～～～～～

너는 옳다, 그리고 너는 잘못되었다

집착 하나_ 고집과 아집   072   집착 둘_ 과거는 누구나 아프다   078
그래 봐야 세끼 먹는다   083   옳은 것과 옳다고 여기는 것   087
슬기로운 결혼생활   091

제 4 장

～～～～～～

니 자신을 알라

자기 자신을 잘 안다는 것   100   외로움   104
첫인상   108   혼자만의 시간   113
질문하지 않는 순간   118   라이프 디렉터   122

목차

제 5 장

기대는 긍정적으로, 대비는 현실적으로

프로 용기러   130

속도 vs 방향   135

쇠뿔은 단김에 뺀다   141

계속 보면 보인다   146

표현의 귀재   151

열심히 말고 잘~하라고   155

제 6 장

나는 당신들을 포기하기로 결심했다

멈춤   162

내려놓기   165

믿거나 말거나   170

스트레스 그까이꺼   174

지금 죽으면 그게 내 '명(命)'   179

제 7 장

〰〰〰〰〰〰〰

여우와 신 포도

엄마, 나 지금 햄보케요   186   남편 활용법   191

건강한 관계를 위해   196   외톨이는 모른다   200

여우, 신 포도 그리고   205   여전히 바라는 것투성이   209

제 8 장

〰〰〰〰〰〰〰

당나귀 주인은 가고 싶은 곳으로 간다

불가능한 것을 이루는 유일한 방법   216

나이 먹는 것, 생각보다 괜찮은 일   222

에필로그

프롤
로그

~~~~~~~~~~

  내 책장에는 자기계발서들이나 인생의 비밀을 알려준다는 책이 많이 꽂혀 있다. 하지만 언제부터인지 이런 류의 책을 들춰보지 않게 되었다. 작가마다 모두 다른 말로 풀어내고 있지만, 결국 본질은 하나기 때문이다.

  내 인생은 내가 만드는 것이다, 감사하라, 행복은 가까이에 있다, 간절하라, 오늘을 살아라 ….

  나이는 40대 초반이요, 인생경력은 드글드글해요, 모르는 것 빼곤 다 알고, 못하는 것 빼고 다 할 줄 알며, 취미가 책 수집이기까지 하다. 누군가 조언을 구한다면 냉큼 답을 줄만큼의 지식과 경험 그리고 미천한 지혜도 가지고 있다. 하지만 언제나 내가 문제다!

그래 봐야 세끼 먹는다

솔직히 자기계발서나 감성 에세이나 내겐 그놈이 그놈이다. '돌려서 말 하나, 대놓고 말 하나.'의 차이 정도랄까. 살다 보면 누구나 힘에 부치고 난관에 부딪히는 게 아니더라도 문득문득 '내가 잘 살고 있는 게 맞나?' 싶은 순간들이 있다. 인정욕구는 인간의 본능과 같아서 비록 책일지라도 "넌 잘 살고 있어!"라고 얘기나마 듣기를 바란다. 살아 숨 쉬는 누군가 알아서 얘기해주면 땡큐 베리 감사지만, 세상에는 내 맘 같은 사람이 없다. 비록 눈으로만 읽을지라도 "괜찮다, 너는 잘 살고 있다, 행복은 성공 순이 아니다."라는 말 한마디면 잠시나마 위안을 얻는다. 문제라면 이내 잊어버린다는 것이다.

인생은 어찌 보면 투자를 하려는 사람들과 같다. 누구나 주식이나 부동산이 가장 빨리 부자가 되는 길임을 알지만, 접근 방법을 모른다. 여기저기 뜬구름을 쫓으며 시간을 허비하고 돈을 낭비하다가 막연하고, 어렵다고 생각하면서 포기해버린다. 사실 인생도 투자도 멘토는커녕, 나에게 적절하게 도움이 되어 줄만한 책 한 권 만나기조차 쉽지 않다. 고로 수많은 책을 사 본들, 책을 읽는 동안에만 잠시 아! 하고 고개를 끄덕이고 말게 된다.

실제로 딱히 변하는 게, 얻는 게 없는 것만이 아니라 까마귀 고기를 먹은 것처럼 잊어버리고 마는 것은 왜일까?

1. 자신이 원하는 게 정확히 뭔지 몰라서 일 수도 있고,
2. 책 내용이 본인에게 와닿지 않아서 일 수도 있다.
3. '유레카!' 하고 자신이 가야 할 길을 발견했지만, 본인은 생각보다 엉덩이가 무거운 인간일 수도 있다.

뭐가 되었든 책도, 사람들의 문제도 새로운 건 없다. 우리는 모두 성공을 꿈꾸고, 행복하게 잘 먹고 잘 살기를 바란다. 실상

누구누구의 경험이 나에게 딱 맞는 해답을 줄 수 없지만, 성공한 사람들이나 행복한 사람들이나 모두 비슷한 패턴임을 인지하는 것이 우선이다. 실패한 사람들이나 불행한 사람들을 보면 다양한 이유와 변명들이 있지만 전자의 사람들은 비슷한 이유로 원하는 것을 얻어낸다. 여러 매체를 통해 내게 필요한 답을 발견했다면, 생활에 접목하든가, 말든가! 우리의 선택지는 단 두 가지뿐이다.

제1장

나이가 들면
괜찮아지겠지

꿈은 모르겠고, 돈은 벌고 싶고

내 공식적인 첫 직업은 웨딩드레스 디자이너였다. 한 여자의 가장 아름다운 순간을 디자인한다는 생각만으로도 가슴이 벅차고 보람이 느껴졌다. 정해진 출퇴근 시간이 없어 개인 생활은 꿈도 못 꿨다. 하지만 즐거웠다. 육체적으로, 정신적으로 힘에 부치는 날이 365일 중 360일이었지만, 그래도 좋았다. 월급도 말하기 부끄러울 정도로 박봉이었지만, 그래도 뿌듯했다.

20대엔 꿈만 먹고 살아도 배가 불렀다. 30대가 되어서야 꿈도 현실적으로 꾸어야 한다는 것을 깨달았다. 직업이 나를 잘~ 먹여 살려야만 일도 오래 할 수 있다는 것을 드디어 인정하게 되었다. 그렇게 꿈 많던 소녀에서 현실주의자가 되어 갔다.

꿈을 꾸지 않는 사람은 희망을 잃어버린 사람이라고 얘기한다. 희망을 품게 되는 순간이 첫 번째이고, 꿈을 좇다 보면 언젠가 돈도 따라온다고 성공한 사람들은 자주 얘기한다. 하지만 현실은 생각보다 더 냉혹하다. 우리는 자주 꿈과 현실에 괴리감을 느끼고 만다. 나 역시 어느새 꿈은 모르겠고, 돈만 많이 벌고 싶은 내가 되어 있었다.

그렇게 돈을 좇고 또 좇았다. 돈을 위해서라면 좋아하지 않는 부류들과 서슴없이 어울렸고, 좋아하지 않는 일을 위해 몸이 망가지든 말든 밤을 지새우는 날이 허다했다. 그 당시 누군가 나에게 "왜 사는가?"라고 물어봤다면 나는 대답하지 못했을 것이다. 나조차도 무엇을 위해 살고 있는지 모르는 상태였으니까.

서른여덟 살, 짚신이 짝을 만났다. 사랑이라는 감정은 놀랍다. 다시 꿈을 꾸게 만들어 주기도 하고, 더 열심히 일하게 만들어주는 동기부여가 된다. 하지만! 사랑이 결혼이라는 텃밭을 일구고 자식이라는 싹을 틔우는 순간 처절한 현실이 된다. 대부분 문제를 돈이 해결해 준다는 사실은 여전히 변하지 않은 걸 알고는 있었다. 현실 결혼생활에서 돈이 얼마나 중요한지는 말하지 않겠다. 어느새 또 꿈과 사랑이 뒤로 밀리고 말아버렸다.

짝사랑이 불러오는 모든 참사가 그렇듯 나는 지쳐갔다. 20대에는 꿈만 좇다가 지치고, 30대에는 돈만 좇다가 지쳤다. 그리고 얼마 전까지 세상의 온갖 토끼를 다 잡으려 사방팔방 뛰어다니다 이도 저도 아니게 되어버린 나 자신에 지쳤다.

마흔두 살, 지극히 현실주의자가 되어버린 내가, 무엇을 위해 일하고, 무엇을 위해 돈을 벌고 싶어 하며, 무엇을 위해 사는지 돌아보는 시간을 가진 것은 인생의 기회를 마주한 것처럼 느껴질 정도다. 혹, 스물두 살에 이런 시간을 가지게 되었다면 인생이 달라졌을까? 진심으로 모르겠다. 42년이라는 시간을 나의 길을 찾아 헤맸기에 지금 나의 시간이 더욱 의미 있게 다가오는 것인지도 모른다. 지금의 나는 과거의 나도, 미래의 나도 아니다. 인생의 전환점에서 그저 오늘을 사는 나다. 물론, 여전히 적당 이상의 경제적 자유를 누리고 싶은 욕망이 있다. 돈이 전부는 아니지만 매우 중요한 요소인 건 변함없는 사실이다.

얼마 전 남편과 아이와 대학로에 간 적이 있다. 혜화역 앞 공원에서 20대 초반으로 보이는 아마추어 밴드가 공연하고 있었다. 4살 딸아이가 고개를 저을 정도로 외모도 실력도 뛰어나지 않은 밴

드였다. 그 정도 실력이면 노력하는 게 시간 낭비처럼 느껴졌다.

> "한참 꿈을 먹고살 나이네. 근데 저 정도 실력이면 노력해도 결과
> 가 뻔할 텐데, 안타깝다."
> "그래도 저 때 아니면 언제 자기가 좋아하는 일을 해 봐. 저렇게
> 좋아하는 일 하다가 혹시 관련된 일에서 적성을 찾을 수도 있는
> 거고. 실력은 형편없지만, 쟤네 표정 봐. 저 나이 땐 즐거우면 됐
> 지, 뭐… 부럽다, 화이팅!"

내가 습관적으로 혀를 차자, 남편은 부러운 듯이 그들을 응원
했다. 나이도 있고, 한 가정을 책임져야 하는 본인은 좋아하는
일보단 경제적인 책임을 다하기 위해 일한다는 식으로 어필하
는 듯 들렸다. 남편은 20년 가까이 한 계통에서 일하고 있다. 분
명히 좋아하는 일을 하고 있다. 더 이상 꿈꾸길 포기하고 현실에
안착해버렸지만, 과거 언젠가 큰 꿈을 안고 그 일에 도전했을 터
다. 하지만 이제는 마지못해서 하는 듯도 보인다. 자신이 봉착
한 난관을 제대로 파악한다는 것은 나이가 든 사람일수록 더 어
려운 일인지도 모르겠다.

꿈을 좇는 길은 때론 조롱거리가 되기도 한다. 모퉁이를 돌았

다 싶으면 어김없이 또 나타나는 모퉁이 때문에 좌절감도 맛본
다. 자주 억울하고 분통하다 비굴해지기까지 한다. 하지만 그
모든 과정이 시간이 지난 후에는 추억이 된다. "먹고 살기도 바
쁜데 꿈은 무슨~"이라고 말할 수도 있다. 아직 꿈이 없을 수도
있다. 꿈을 잊었을 수도 있다. 어쩌면 이미 꿈을 향해 걷고 있을
지도 모른다. 어떤 처지든 핵심은 똑같다.

**꿈을 꾸고 좋아하는 일을 하자!
그게 무엇이 되었든 그것을 하며
즐거운 것이 가장 먼저다.**

망상과 몽상의 한 끗 차이

돈에 대한 내 철학은 한결같다. 없는 것보단 있는 게 훨씬 낫다. 고로 졸부가 되는 상상을 즐겨한다. 돈이 많으면 행복해질 것 같다기보다는 그냥 사고 싶은 걸 고민 없이 살 수 있으니 좋지 않은가! 내가 돈 버는 가장 큰 이유는 내 맘대로 쓰면서 살고 싶어서다. 자랑은 아니지만 지름신이 자주 강림하신다.

졸부가 되는 상상을 즐겨하지만 그저 상상만이지 엄청난 부, 그런 건 꿈꾸지 않는다. 엄청난 것엔 언제나 책임감과 피로가 따르는 법이니까. 인간 본성이 지닌 속물근성과 부도덕은 돈, 권력, 명예와 깊은 연관성이 있다. 결국 잃거나 잃지 않기 위해 불안감에 사로잡히는 등 다양한 문제를 불러온다. 관리가 안 되면 없느니만 못한 것이 바로 돈, 명예, 권력이다.

한 번씩 졸부가 되기도 전에 졸부가 되었을 때의 장단점까지 미리 상상해보곤 한다. 이런 나를 보고 남편은 졸부는 무슨, 말도 안 되는 상상을 할 시간에 현실적으로 돈이나 아껴 쓰라고 핀잔을 줄 때가 많다. 인정한다. 큰돈을 벌면 막 쓰고도 알아서 남을 것 같지만, 세상에 그만큼 큰돈은 없다. 특히나 나는 어떤 금액도 쓰려고 맘먹는다면 금세 써버릴 수 있는 능력자다. 하지만 상상은 자유지 않은가! 그리고 상상하지 않는다면 이룰 수 있는 것 자체가 없다.

그게 좋은 것이든 나쁜 것이든 부대끼다 보면 닮아가는 게 사람이다. 어떤 부모를 만나는지, 어떤 친구를 만나는지, 어떤 배우자를 만나는지에 따라 꿈은 꿈인 채로 꿈나라로 사라지기도 하고, 상상이 현실이 되는 기적을 맞이하기도 한다.

엄마들은 아이를 잘 키우기 위해 엄청난 노력을 한다. 안팎으로 온갖 정성을 쏟는다. 그리고는 참 열심히도 이런 아이, 저런 아이가 되라고 주입한다. 물론 나처럼 상상력이 없어 그냥 키우는 엄마도 많다. 어떤 엄마 아래 자라는지는 정말 중요하다. 아이는 분명 엄마가 노력한 만큼 따라온다.

현재 다섯 살인 딸아이의 친구들을 보면 이미 한글이며 숫자며 영어까지 뗀 아이들이 있다. 어떤 친구들은 벌써 미술 실력이 뛰어나기도 하고, 어떤 친구들은 음악적으로 뛰어나다. 단연코 부러운 친구는 기발한 상상력을 가진 아이다. 이야기를 나누다 보면 그 아이의 미래가 엿보인다. 우리 아이는 아직 백치미만 가지고 있는데, 영재처럼 보이는 친구들이 너무도 많다. 세상에 영재가 왜 이리 많을까 궁금했는데, 누군가 백조 이야기를 해줬다. 백조는 물 위에서 우아하게 떠 있지만 물 아래에선 저게 가능할까 싶을 만큼 발길질을 해댄단다. 아하! 내가 발길질을 가르쳐주지 않은 게 우리 아이가 백치미인 이유였구나….

바라기만 하는 부모는 많지만 본보기가 되어주는 부모는 많지 않다. 최소한 내 아이가 이런 아이로 자랐으면 좋겠다고 생각한다면 직접 본보기가 되어주는 것이 가장 옳은 방법일 것이다. 산에 올라 본 적이 없는 사람에게 그 기분을 알려줄 수 있는 방법은 없다. 끌어주고 밀어주며 함께 낮은 산부터 정복해가면서 성취감을 느끼게 하는 것이 더 높은 정상을 꿈꾸는 Dream builder(상상 실현가)로 만들 방법일 테다. 요즘 태어나는 아이들의 평균 수명이 140세라니, 진심으로 바란다면 본보기가 되어주

자. 결국 졸부도 엄마가 만들어내는 것이 아닐까? 글을 쓰면서 다시 느끼지만, 엄마란 정말 어려운 역할이다.

　알베르트 아인슈타인은 "인생을 사는 방법은 두 가지다. 하나는 아무 기적도 없는 것처럼 사는 것이요, 다른 하나는 모든 일이 기적인 것처럼 사는 것이다."라고 말했다.

　아이도 그렇지만 현재 어른인 우리도 마찬가지다. 망상가는 말도 안 되는 상상만 한다고 하고, 몽상가는 상상을 실현한다고 한다. 망상이거나 몽상이면 어떤가. 둘 다 터무니없거나 엉뚱한 상상을 하고 꿈을 꾼다는 것은 똑같다. 기적을 일으킬 수 있는 사람은 특별한 능력을 갖춘 누구누구가 아니라, 오늘 아무도 아닌 '꿈꾸는 나'라는 것! 알다시피 세상은 누군가의 상상에서 출발해 지금이 되었다. 누군가의 말도 안 되는 상상이 없었다면, 우리가 누리고 있는 모든 '문명의 이기'는 없었을 테다.

　비록 망상이 될지라도 상상은 자유다. 깨달아야 할 것은 그저 바라는 것만으로, 아는 것만으로 이뤄낼 수 있는 것은 아무것도 없다는 사실이다. 실행이라는 한 끗 차이로 그저 꿈만 먹고사는 Dreamer가 되던지, 상상을 실현하는 Dream builder가 된다.

기적은 상상하고 실행하는 미친 사람들에게

자주 일어나는 법이다.

그냥 믿어주고 응원해주면 됫나나

"제대로 알아봤어?"

"거기 이상한 데 아냐?"

"사기당하는 거 아냐?"

"돈 날리는 거 아냐?"

"시간 낭비하는 거 아냐?"

"그게 그렇게 쉬우면 세상 사람들 다 했지, 잘 할 수 있겠어?"

"좀 더 신중하게 생각해 봐!"

어떤 일을 시작할 때 주변 사람들로부터, 특히나 가까운 사람들로부터 걱정한다는 이유로 이런 이야기들을 듣게 된다. 대체로 결과(돈)가 나오기 전까진 '너는 앵무새'냐 싶을 정도로 반복적으로 듣는다. 이런 이야기들을 들을 때마다 의문이 든다. 나는 꽤 노력형으로 뭘 하든 열심히 하며 나름 잘 살아왔는데도 왜 여전히 이런 이야기들을 듣게 되는 것일까? 나름 성공사례도 많다. 시시때때로 찾아오는 시련과 고난도 잘 이겨냈었고, 처참한 실패도 씩씩하게 털고 일어섰다.

"너니까 잘 알아봤겠지."
"너니까 어떻게든 잘 해낼 거야."

이렇게 얘기해 줄 만도 한데 말이다. 서운하기도 하고, 불쾌하기도 한 것이 솔직한 심정이다. 물론 나는 귀가 얇다. 엉덩이도 가벼운 유목민 과다. 가고 싶은 곳도 많고, 하고 싶은 것도 많다. 굳이 보태자면 먹고 싶은 것도 많다. 집안 인테리어만 봐도 일 년에 두세 번은 바꿀 정도로 변화를 즐긴다. 사실 진득함이 좀 모자라긴 하다. 일도 그렇다. 일이 어느 정도 익숙해지면 지루함에 용트림을 한다.

이런 나이기에 자주 걱정거리가 될 수도 있다는 것을 이해한다. 하지만 좋은 말도 한두 번이라고 했다. 같은 말이 반복되면 말하는 사람도 그렇겠지만 듣는 사람도 기분 나빠지고 지친다. 촌철살인의 미덕으로 한 번만 하든지, 아니면 아예 믿어주든지 둘 중의 하나만 하면 안 되는 걸까?

그들의 이유가 뭐가 되었든, 신뢰받지 못한다는 기분은 유쾌하지 않다. 그렇게 남들에게 부정적인 말을 던지는 사람들도, 막상 본인이 당사자가 되어 어떤 일을 시작한다면 어떨 것 같은가? 믿고, 기다려주고, 응원해 주기만을 바랄 것이다. 신뢰받지 못한다는 것은 응원받지 못한다는 것과 같다. 새로운 시작 앞에 가까운 사람들로부터 응원조차 받지 못한다면, 겨우겨우 만들어낸 조금의 용기까지 사라지고 만다.

가까운 사람일수록 걱정이 흘러넘쳐 부정적인 말을 쉽게 뱉는다. 세상이 험하니 잘 되길 바라는 마음에 의구심도 좀 가지라는 의미다. 하지만 그렇게 전달된 부정적인 말 한마디가 남기게 될 상대방의 감정과 또 그렇게 생겨난 감정으로 인해 벌어지는 결과는 누가 책임져 줄까? 의도적이건 의도적이지 않건, 날아온 돌에 개구리는 맞아 죽는다. 말 한마디로 한 사람의 미래를 좌지우지하는 결과를 초래할 수 있다는 걸 안다면, 부정적인 말은 걱정이 되어서라도, 농담 삼아도 안 하느니 못하다.

나는 부정적인 조언 앞에 기필코 해내는 모습을 보여주겠다고 주먹을 더 불끈 쥐고 의지를 불태우는 부류다. 하지만 부정적인 말을 듣고 나서 제대로 확인해 보지도 않고 겁을 먹거나 의지를 상실한 채 도전 자체를 포기하는 사람들도 많다. 어렵게 시작해 놓고선 중도에 포기해버리는 사람도 있다. 또 하나의 경험과 데이터를 쌓을 기회를 고작 의미 없이 뱉어진 타인의 말 때문에 허무하게 날려버리고 만다.

사람들은 본인이 들은 말은 기가 막히게 기억한다. 하지만 본인이 한 말은 쉽게 잊어버리고 자주 반복하곤 한다. 나라고 예외는 아니다. 결국, 값비싼 외제 차를 끌고 나가거나, 명품으로 온몸을 휘감고 "어사출또요!" 정도 해줄 수 있는 유명 인사의 존재감을 가지지 않는 이상 이런 일이 반복되는 것이 어쩔 수 없는 일처럼 느껴질 정도다.

때로 결과가 잘못되었을 때, "전에 내가 말했지?" 하고 자기 말이 맞았음을 기뻐하기도 하는 이들을 보게 된다. 부정적인 생각이 승리했음에 의기양양하기까지 한 이들을 마주할 때면 진심으로 분노가 치밀어 오른다.

그런데 그거 아나? 실패한 원인이 무엇이든지 상관없다. 그 누군가가 의심과 걱정으로 아무것도 하지 않고 시간을 보낼 동안, 나는 또 한 번의 값진 경험을 했다는 사실만이 중요하다.

가까운 사람일수록 믿고
응원해주는 것이 최선이다.

지금이 아니면 언제

매년 연말이 되면 사람들의 머릿속엔 똑같은 문장이 떠오른 다. '아, 올해도 또 이렇게 허무하게 가는구나, 시간 참 눈 깜짝 할 사이에 지나간다.' 어차피 올해는 다 갔으니 남은 한두 달은 그냥 보낸다. 그리고 연초가 되자마자 미친 듯이 작심삼일 계획 표를 짜낸다. 새해에는 누구나 비전에 굶주려 있다. 신기할 정 도로 모두의 눈에 쌍심지가 켜져 있다. '오늘은 영어 공부를 시 작해야지. 오늘은 정보 좀 찾아봐야겠다, 오늘은 강연이라도 가봐야지, 주말엔 시장조사라도 해봐야겠다.' 여기까진 좋다.

그런데, 그러다가 '아, 아니다. 오늘은 날씨가 너무 덥고, 너 무 춥고, 비가 오고, 피곤하고, 미용실도 가야하고, 마사지도 받으러 가야하고, 당장 입진 않겠지만 언젠가 입기 위해 쇼핑도 해야 하고, 친한 친구에게 걸려온 전화 통화가 어느새 3시간 이고, 저녁엔 하고많은 날 보는 친구들과 모임도 있고, 주중에 놓쳤던 드라마도 봐야 하고, 주중에 열심히 일했으니 주말은 좀 쉬어야지.' 이 핑계, 저 핑계를 대다가 결국 막연하기만 한 그 무언가를 해야겠다고 마음만 먹은 채로 몇 달째, 몇 년째인 사람들이 대다수다. 모두가 처한 상황이 다른 듯하지만, 비슷한 생각을 하며 비슷한 상황에 놓여 있다.

의외로 많은 사람이 매일 한 걸음씩이라도 전진해 가는 듯 보이지만, 실제로는 소수의 사람만이 생각을 행동으로 옮긴다. 그러니 꾸준히 기회를 잡는 사람들이 소수인 것이고, 그런 사람들만이 바라는 바를 누릴 기회와 자격을 얻는다.

뭐가 되었건 하늘에서 뚝 떨어지는 것은 Never! Ever! 없다. 남들보다 많은 기회를 누리는 사람들을 보면 타고난 재력과 재능이 넘쳐나서도, 운이 봇물 터지듯 터져서도 아니다. 그들이 바라는 것을 이뤄낸 것은 수많은 유혹을 이겨 낸 작은 걸음들이 가져다준 기회의 결과다. 작은 걸음들이 쌓여서 큰 걸음이 되었을 뿐이다.

나의 현재는 과거의 행동들이 모여서 만들어진다. 그리고 나의 미래 역시 현재의 행동들이 모여 만들어진다. 어떤 미래를 꿈꾸든지 그 미래를 만들어 가는 것은 전적으로 오늘 내 의지로 내딛는 한걸음에 달려있다. 우리는 모두 너무나 잘 안다. 언제나처럼 너무 잘 알고만 있는 것이 문제다. 어떤 생각과 행동을 해야 내가 바라는 더 나은 삶을 살 수 있게 되는지 알지만, 아는 것만으로는 절대 원하는 미래가 오진 않는다는 것은 어김없이 간과한다.

아는 것을 토대로 남들에겐 누구보다 좋은 조언을 해주기도 한다. 하지만 나 자신은 오늘을 내일로 미루기 일쑤다. 내일은 곧 일주일이 되고, 한 달이 되고, 몇 년이 되어 버린다. 그리고 우리는 유인원보다 나은 IQ를 가지고 있으면서도 그렇게 흘러가 버린 시간을 또 후회하며 오늘을 의미 없이 보내 버린다.

그때 알아봤어야 했는데, 그때 시작해야 했는데, 그때 그날을 생각이 이끄는 대로 행동했다면 오늘 난 얼마나 이뤄냈을까? 그렇게 후회하고 안타까워하면서 또 오늘을 허비하는데 성심을 다한다. 유혹에 강한 사람은 없다. 우리는 모두 그 하잘것없는 유혹들에 언제나 지고, 핑계를 대고, 자기 합리화를 한다. 그 방면

으론 아주 뛰어난 능력을 갖추고 있다고 자축해도 된다. 물론 내 삶이 대체로 만족스럽다면 굳이 유혹을 이겨낼 필요는 없다. 우물 안의 개구리로, 혹은 누군가 만든 온실 속의 화초로 만족스럽고 행복해하며 살다 죽으면 그만이다. 하지만 나의 인생이 최소한 2% 부족한 듯하거나 어제보다 조금 더 나은 삶을 꿈꾼다면, 오늘 내가 또 져버린 유혹을 어떻게든 이겨내야 한다.

나를 더 나은 삶으로 이끌 선택지는 뭘까? 언제나 Right now! 지금 당장 하느냐, 마느냐다. 내일? 내일 무슨 일이 생길 줄 알고? 한 달 뒤? 한 달 뒤에 무슨 일이 생길 줄 알고? 1년 뒤? 1년 뒤에 최소한 내가 죽진 않는다고 해도, 오늘 스스로 작은 한 걸음을 떼지 못한 내가 1년 뒤 그 걸음을 다시 걸어 낼 확률은 그냥 없다고 봐야 한다. 이미 시기적절한 타이밍도 아닐 테다.

개인의 삶에는 각자가 중요하게 생각하는 부분이 있다. 그게 결국 피치 못할 사정이 되는 것이고, 그렇게 오늘 해야 할 일이 내일로, 모레로, 한 달 뒤로 밀리게 된다. 무엇을 우선순위로 둘지가 관건인데, 그것은 나만이 결정할 수 있다. 누가 그랬다. 인생이란 오늘, 오늘이란 시간 속에서만 이뤄지는 것이었다고.

깨닫고 후회할 때에는 이미 모든 것이 지나가 버린 후라고. 안타까운 것은 결정 장애가 있는 사람이나 엉덩이가 무거운 사람에게 "Right now!"라고 아무리 알려줘 봐야 소귀에 경 읽기라는 것이다.

작은 걸음이 큰 걸음이 될 때까지
Let's go!

우리는 모두 너무나 잘 안다.
언제나처럼 너무 잘 알고만 있는 것이
문제다.

태생이 영재지만

자신을 가난하고 보잘것없다고 여긴 한 학생이 있었다. 어느 날 비관에 빠져 선생님에게 물었다. "전 아무것도 원하는 게 없어요. 저를 원하는 사람도 없죠. 제가 사는 데 무슨 의미가 있을까요?"

남학생의 물음에 선생님은 미소를 지으며 대답했다. "낙담할 것 없단다. 아무도 널 원하지 않는다니, 절대 그렇지 않아." 선생님은 남학생의 손에 소나무가 그려진 그림을 건네주었다. "내일 아침에 이 그림을 가지고 시장에 가서 팔아보렴. 그러나 누가 얼마를 준다고 해도 절대 팔아서는 안 된다."

학생은 의아해하며 그림을 받아들고 다음 날, 시장 한구석에서 소나무 그림을 판다고 소리쳤다. 그러자 그림을 사겠다는 사람들이 나타났다. 그들은 이렇게 말했다. "저 그림 안에는 뭔가가 있어.", "분명히, 무언가 메시지가 담겨있을 거야." 학생이 그림을 팔지 않자 가격은 점점 올라갔다.

다음 날, 학생은 선생님에게 시장에서 있었던 일에 대해 말했다. 그러자 선생님은 웃으며 말했다. "내일은 그 그림을 도시에 나가서 팔아보렴." 남학생은 선생님의 말씀대로 번화한 도시에 그림을 가지고 나갔고, 전날보다 20배나 가격이 뛰었다. 비싼 값에도 학생이 그림을 팔지 않으려 하자 사람들은 그것을 '작품'이라고 부르기 시작했다.

소나무만 그려져 있는 그림을 봤을 때 누군가는 그저 그런 소나무일 뿐이라고 반응하는 반면에 또 누군가는 늘 그 자리에 서서 한결같은 사랑을 주는 모습을 떠올리며 작품이라고 감탄했을지도 모른다. 그림은 창작물이기 때문에 보는 사람에 따라 값어치가 다르게 측정된다. 설령 그게 하찮은 그림이라도 누가 바라보느냐에 따라서 그 가치가 달라진다.

예술적인 창작물은 그렇다 치지만 사람의 가치를 똑같이 대입해도 될까? 사람의 가치 역시 그림처럼 어떤 환경에 처하느냐에 따라 달라진다. 주로 그가 처한 환경에서 발휘되는 능력에 의해 판단되기 마련이다. 능력이란 지성, 감성, 일하는 힘, 역량을 말한다. 이런 능력을 타고날 때부터 가진 사람은 당연히 없다. 다만 소질이 발견되고 능력으로 키워지는 것이다. 우리는 각자의 쓰임새가 다를 뿐, 모두가 다양한 방면으로 소질을 타고난다. 그저 일찍 발견되거나 발견되지 못했을 뿐, 막말로 태생이 모두 영재다.

 누구나 작은 소질 하나로 기대를 한 몸에 받는 순간이 있다. 하지만 아무리 뛰어나 보이는 소질이 발견되더라도 자신의 능력을 과신하거나, 과소평가하거나, 내 앞에 놓인 난관을 피하려고만 한다면 소질은 능력이 되지 못하고 만다. 나의 가치를 알아주는 사람이 없을 뿐만 아니라, 스스로 가지고 있는 가치를 의심한 채로 천재는커녕 평범한 수준에도 못 미치는 삶을 살아갈 수도 있다.
 내가 가진 소질이 나의 노력을 등에 업고 능력이 되고, 세상을 비추기까지 한다면 더할 나위 없다. 문제는 우리가 누군가에게 사랑받고 인정받아야만 자신을 더 쓸모 있는 사람으로 여기게 된다는 현실이다. 덕분에 나의 부단한 노력이 억울할 정도로 현재 평범한 수준에도 못 미치는 삶을 살기도 하고, 자괴감이 느껴질 정도로 쓸모없는 존재로 여겨지고 있는 사람도 있다. 그래서 "유레카!"라고 나의 가치를 알아주는 이를 만난다는 것은 축복과도 같다.

인간은 태생적으로 인정욕구를 먹고 자라는 존재다. 우리가 원치 않더라도 타인으로부터 인정을 받고 나서야 자신의 가치를 인정하게 된다. 내가 만나는 사람이 또 중요한 이유다.

혹시 지금 나는 아무런 소질도 없고, 쓸모없는 존재라고 낙담한 채 좌절하고 있다면, 냉정하게 자신을 돌아보자. 나의 좌절감은 그저 소질을 여태 깨닫지 못한 것일 수도 있다. 혹은 능력을 발휘할 만한 최적의 환경을 못 만나서일 수도 있다. 하지만 개나 소나 다 가지고 태어나는 알량한 소질만 가지고 아무런 노력도 없이 인정받기만 바라고 있는 것은 아닌지도 냉정하게 따져봐야 한다.

소나무 그림 일화는 현실이다. 가만히 앉아 있기만 해서는 그 환경이 어디든 쓸모없는 존재가 될 수밖에 없다. 특히나 나의 숨은 가치를 찾아내어 주는 특별한 누군가가 존재하지 않는 한, 스스로 가치를 찾아내고 끊임없는 노력을 보태는 수고가 필요하다.

물론 노력할 만한 가치가
충분한 건 사실이지만,
그게 '쉽다.'라고 얘기하진 못하겠다.

제2장

**평범하게
보통으로 산다는 것**

명치끝에 걸린 짜증

42년 만에 짜증을 부렸다. 42년 만에? 말도 안 돼! 당연히 말도 안 된다. 그저 그 정도로 폭발하는 짜증을 느꼈다는 것이다. 참고로 나는 붓다가 아니다. 내게 큰 피해를 주지 않는 이상 점잖은 체하며 살아가는 정도다. 감정 기복이 심하면 자신도 힘들지만, 주위 사람도 힘들다. 아는 사람이 그러면 안 되니까, 되도록 감정에 휘둘리지 않으려고 노력한다.

하지만 살다 보면 별것 아닌 일에 괜히 불만스럽고, 짜증 나고, 머리끝까지 화가 치미는 날이 있다. 부정적으로 폭발하는 감정 앞에서 한 박자 쉬고 '괜찮다, 그럴 수도 있지, 입장 바꿔 생각해 봐.'라고 스스로 되묻는 건 수녀님이나 스님 정도 되어야 가능하지 않을까 싶을 정도의 순간이 때때로 찾아온다. 보통의 우리는 화가 치밀어 오를 때 오로지 내 감정에만 몰입하지 이성을 찾기가 쉽지 않다.

이사 후 몇 주째 집안 공사를 하고 있던 때의 일이다. 전문가의 손길을 예약할 타이밍을 놓친 관계로 직접 공사를 하게 되었다. 그러다 보니 생각지 못했던 변수들이 계속 발생했다. 일주일 정도 예상했던 공사는 몇 주째 계속되고 있었다. 늦었다는 생각이 들었을 때라도 전문가를 불렀어야 했는데…. 나중에는 돈 생각에 어떻게든 직접 공사를 해보고자 했던 것 같다. 자연히 짜증을 내려면 낼 수 있을 만한 일들이 하루에도 몇 번씩 일어났다.

남편이 짜증을 낼 때면 여지없이 내게도 전염되었다. 어느 때는 누가 먼저 짜증을 냈는지 모를 정도로 상대방이 더 예민하게 구는 경우도 생겼다. 우리는 그렇게 서로에게 짜증을 전염시키며 공사 기간 중에 자주 살얼음판을 걸었다. 전혀 생산적이지 않은 감정 소모인 걸 알지만, 그렇게 몹쓸 감정에 몰입하고 마는 우리인 걸 어쩌랴.

좀 더 편하게 살자고, 좀 더 맘에 드는 공간을 만들자고 이 짓을 하고 있다는 생각은 한다. 변수도 늘 있기 마련인 걸 안다. 전문가가 아니다 보니 실수도 할 수 있는 일이다. 실수나 변수들로 인해 오히려 전화위복이 되는 경우도 있다. 다시 말하지만 이렇게 생산적이고 긍정적인 생각을 안 하는 건 아니다. 그저 이성 따위 잠시 외면하고 싶을 정도로 감정조절이 되지 않을 뿐이다.

어느 날 내가 짜증을 억누르지 못하고 터트렸을 때, "엄마 많이 힘들어? 내가 도와줄게!"하고 4살 딸아이가 고사리 같은 손을 내밀었다. 듣고 싶었던 말이었다. 듣고 싶었던 상대에게 나온 말이 아니었기에 화가 더 치밀었다. 애도 아는 걸 어른이 모른 체하다니!

짜증은 화를 야기 시키고, 화가 나면 우리는 자신이 옳다고 확신하게 된다. 싸움이 일어나지 않는 게 더 부자연스럽다. 한 템포 쉬고 조근조근 얘기하는 게 가능한 사람이 아니라면, 차라리 싸우는 것이 낫다. 짜증과 불만이 쌓이면 관계는 멀어지게 되어 있다. 떡잎이 노랗다면, 내 안의 전사를 불러내라.

보란 듯이 짜증을 부리고 나면 마음은 이미 내 것이 아니다. 그렇게 한번 튀어나온 짜증이라는 놈은 순식간에 나를 장악해서 모든 일을 다 짜증스럽게 만든다. 부정적인 감정은 처음에 케어하지 않으면, 마음에 뿌리내리려 용을 쓴다. 체기라도 있는 듯, 그렇게 한동안 짜증이 명치끝에 걸려 있었다.

**짜증은 싸움을 부르고,
회피는 관계를 멀어지게 한다.**

평정심

서른이라는 나이를 맞이하게 되었을 때, 나 역시 이상하리만치 마음이 요동쳤다. 덜컥 휴가를 내고 배낭 하나 둘러맨 채 충남 예산에 있는 수덕사로 홀로 템플스테이를 갔다. 서울에서 기차를 타고 버스를 몇 번이나 갈아탄 뒤에야 겨우겨우 도착한 수덕사에는 이미 어스름이 깔리고 있었다. 백제 말에 건립되었다는데 어스름까지 겹치니 더 오래돼 보였다.

태생이 도시 여자인지라 오래된 건물들을 보며 살짝 불안해졌다. 또 무한도전인가…. 사실 벌레도, 절도 전혀 친하지 않았다. 다행히 템플스테이로 내가 머물게 된 장소는 지은 지 얼마 안 된 현대적인 건물이었다. 방은 마치 감옥의 독방을 연상시킬 정도로 작았다. 나 하나 누울 이불을 펴면 끝이었지만, 깨끗했다. 불안감과 기대감이 뒤섞인 감정으로 첫날밤을 맞이하고, 이른 새벽에 일어나 산책하러 나가니 그제야 오길 잘했다는 생각이 들었다. 그렇게 내심 기대했던 묵언 수행이 시작되었다.

일과는 간단했다. 아침 5시에 일어나 뒷산으로 산책하러 갔다. 산책 후 스님들이 예불을 드리는 곳으로 가서 함께 108배를 하고, 간단한 아침을 먹어도 여전히 아침이었다. 책을 읽거나 멍을 때리거나 하다가 점심을 먹었다. 다시 산책하고, 책을 읽고, 멍을 때렸다. 저녁을 먹고 잠들기 전까지 똑같은 반복이었다. 꼭 해야 할 일은 아무것도 없었다. 실제로 할 수 있는 일도 몇 가지 없었기에 그저 밥 먹고, 산책하고, 책 읽고, 멍 때리는 것이 전부였다. 혹시 템플스테이를 갈 예정이라면 책은 꼭 들고 가라.

고즈넉한 풍경, 말을 잃은 듯 조용한 사람들, 환경적인 요인 때문이었을까? 나도 모르는 새 마음이 평온해졌다. 생각은 느긋해지고, 생각이 느려진 만큼 감정도 평안해졌다. 막내 디자이너로 숨도 안 쉬고 바쁘게 살아와서인지 시간을 느긋하게 보내는 것이 익숙하지 않았다. 모든 여행이 그렇듯 조금 익숙해질 만하니 여행 일정이 끝났다. 살면서 그때만큼 말을 아껴 본 적이 없었던 것 같다. 물론, 말을 하지 않는다고 생각도 함께 멈추는 건 아니다. 하지만 환경이 환경이다 보니 머릿속까지 영향을 받는 기분이 들었다.

말을 안 하니 귀가 잘 들렸다. 바람의 소리부터 나뭇잎이 흔들리는 소리, 지붕 위에 참새가 앉는 소리, 이슬이 떨어지는 소리, 귀뚜라미 소리, 이름 모를 산새들의 소리, 자연이 들려주는 평온한 소리로 마음마저 편안해졌다.

수덕사에서 보낸 이후 나에게는 새로운 일상이 추가되었다. 나홀로 산책이다. 매일 30분 만이라도 산책을 해야겠다고 늘 생각했지만, 솔직히 잘 실천하지는 못한다. 바쁠 때면 매일은 못하지만, 며칠에 한 번이라도 홀로 조용히 산책을 즐기곤 한다. 가끔 머릿속이 너무 복잡하고 생각이란 놈에게서 도망치고 싶을 때면, 다리가 퉁퉁 붓도록 몇 시간씩 걷기도 한다. 내면의 소리라던가, 명상이라던가, 그런 건 아직 잘 모른다. 그저 산책을 통해 감정을 추스르는 것이 내 나름 평정심을 되찾는 방법이다.

살다 보면 365일 평정심을 잘 유지하는 것 같은 사람들을 만나게 된다. 그들은 괜히 나보다 현명한 듯 느껴진다. 자존감도 엄청 높을 것 같다. 하지만 그들이 정말 보이는 것처럼 마음을 잘 다스릴까? 혹시 내 눈에만 그렇게 비치는 것은 아닐까? 나 역시 겉으로 그럴싸하게 평정심을 유지하는 척 연기할 때가 많기에 의심의 눈초리를 거두기 힘들다.

불혹. 흔들리지 않는 나이인 것을, 나는 여전히 흔들리고 평정심을 잃을 때가 많다. '나 = 모두'라는 공식을 감히 써도 될지 모르겠지만, 평정심에서는 대부분 비슷비슷하지 않을까. 솔직히 '죽기 전에 평정심이란 것을 가질 수나 있을까?' 싶은 의문이 들 정도다.

따지고 보면 감정조절이 완벽한 사람이라니…. 그게 로봇이지, 인간인가! 감정에 휘둘리는 것이 인간의 참모습인 것을! 사람 냄새 좀 풀풀 풍기는 게 어때서! 평정심을 잘 유지하는 듯 보이는 사람들 역시 예외 없이 감정에 휘둘린다. 그저 자기만의 방법을 통해 평정심을 잘 되찾을 뿐이다. 뭐가 되었든 나는 여전히 평정심에 집착한다. 괜히 있어 보이니까.

하늘님, 땅님, 부처님,
에수님, 마리아님, 기타 등등의 신님들,
굳이 다리 더 두꺼워지지 않게
걷지 않아도 365일 제게 평정을 내리소서.
피할 수 없는 것을 받아들일 용기와
피할 수 있는 것을 변화시킬 수 있는 힘을,
그리고 이 둘을 분간할 수 있는 지혜를
마구마구 내리소서!

어쩌다 엄마

중학생 시절 만화에 빠진 적이 있다. 고작 중2. 좋아하는 만화가가 사는 부산으로 가서 문하생으로 들어가려 했다. 하지만 엄마는 딸이 국졸이 되는 것만큼은 용납할 수 없었고, 그렇게 나는 꿈을 접었다. 중학교, 고등학교, 대학교 내내 나는 수시로 '꿈'이라는 이름을 앞세워 구름 속에 가려진 그 무언가를 좇았다.

두 번의 자퇴 시도. 엄마가 보기에는 내가 꾸는 꿈들이 지극히 비현실적인 것들처럼 보였을 테지만, 다행히도 내 꿈은 완전히 무시되진 않았다. 혈기 왕성한 그 시절 막무가내 반대에 부딪혔다면, 나는 최소한 집을 열두 번은 뛰쳐나갔을 정도로 열정 만수르였다. 지금 생각해도 내 꿈이 그저 막돼먹기만 한 것은 아니었다. 엄마 역시도 현실만을 강요하지 않았기에, 그렇게 조금씩 현실감각을 키우며 10대 시절 가슴에 꿈을 품은 채 남들 다 가는 길을 걸었다.

나 같은 딸을 한 명만 키워도 골치였을 텐데 부모님은 이런 자식을 넷이나 키워냈다. 자라면서 딱히 부모님의 강요나 반대에 부딪혀 본 적이 없다는 것은 아직도 감사해하는 일이다. 부모님은 (주로 엄마는) 오히려 내 의견을 존중해줬고, 때론 무모하거나 남들에게 조롱당할 생각들조차도 인정해 주었다. 내가 크게 반감을 품지 않을 조언을 해주며, 남들이 다 가는 길을 갈 수 있도록 해줬다. 그 시절 나의 부모님에게는 그 정도도 최선이었다. 남들 다 가는 평범한 길을 갈 수 있는 것만으로도 감사해야할 정도로 우리 집은 콩가루 풀풀 날리는 집이었기 때문이다.

소싯적 내가 본 결혼 생활이란 것은, "여자가 어디 감히!"라고 큰소리치는 가부장적인 데다 바람둥이 난봉꾼이기까지 했던 아버지(남편), 여자라는 이유로 죄인처럼 엎드려 사는 엄마(아내), 딸을 출가외인 취급하는 외갓집(친정), 며느리들을 편애하고 구박하다 결국 치매에 걸려 이집 저집 떠돌던 할머니(시댁), 대가

그래 봐야 세끼 먹는다

리에 피도 안 말라서 나 혼자 자란 양 사고치고 다니는 우리 4남매(자식)까지…. 이런 모습들이 얽히고설켜 '결혼은 무덤이다, 무자식이 상팔자다.'라는 생각이 뿌리를 내리게 되었다.

나이 서른을 넘기니 주변 친구들이 노처녀 딱지만큼은 용납할 수 없다는 듯 분주해졌다. 그리고 아무 남자를 골라 번갯불에 콩 구워 먹듯 웨딩마치를 올리기 시작했다. 그즈음엔 독신주의를 주장하던 나도 흔들렸다. 얼마 전 〈나 혼자 산다〉를 보는데 외롭다고 느껴지거나, 갑자기 아이가 예쁘게 느껴진다거나, 친구들이 결혼하는 모습을 보고 흔들릴 때, 그 순간만 잘 버텨내면 10년은 더 혼자 살 수 있다고 했다. 나 역시 그때 눈 딱 감고 버텨냈더니, 8년을 더 혼자 살게 되었다. 물론 선은 엄청나게 봤다. 나름 효녀 코스프레였달까. 연애도 알음알음했다. 결혼이 싫었던 거지, 연애가 싫었던 건 아니었다.

보고 깨달은 바가 커서인지, 짚신을 못 만난 탓인지 나는 책임감과 희생을 강요하는 결혼이라는 제도를 38년간 요리조리 피해 다녔다. 안타깝게도 보고 자란 것도 모자라 성인이 된 이후에도, 내 주위에는 행복한 결혼생활을 하는 사람들이 많지 않았다. 결혼으로 묶인 두 사람은, 결혼이 달고 오는 수많은 문제로 인해 힘들어했다. 혼자 사는 게 세상 속 편할 정도로 보일 정도였다. 또 느끼지만, 누구를 만나느냐는 정말 중요한 문제다.

그런 내가 혼전 임신을 했다. 철저하게 나만 생각하면 되는 개인주의적인 삶을 버려야 하는 순간이다. 아내가 되고, 엄마가 되어야 했다. 시댁이라는 낯선 가족도 생긴다. 누구나 다 아는 유명한 말을 인생에 또 적용해야 하는 시점이었다.

"피할 수 없으면 즐겨라!"

보고 배운 게 나를 38년간 홀로 살게 했다면, 보고 배운 덕에 하지 말아야 할 것을 알고 있다. 그렇게 좋은 아내, 좋은 엄마, 좋은 며느리가 되어 보기로 마음먹었다. 물론 사람이 마음을 먹는다고 무조건 잘할 순 없는 노릇이다. 더더군다나 나는 그렇게 착하지도 온순하지도 않다. 더 정확하게는 내가 생각해도 정말 지랄맞은 성격이다. 그래도 '할 수 있다. 한 걸음씩 가 보자.' 스스로 수천만 번 궁둥이를 두드렸다.

비혼주의자에 아이들이라면 질색했던 내가 엄마가 되었다. 여전히 초보 엄마티 팍팍 내며 살고 있지만, 남편이 아이에게 "너희 엄마 같은 엄마를 만난 걸 고맙게 생각해라."라고 말하는 걸 자주 듣는다. 나름 좋은 엄마 노릇 하고 사는 것 같다. 아니어도 긴 거로!

아무도 내일 내가 어떤 사람이 되어 살게 될지 알지 못한다. 내일의 나는 오늘의 내가 상상하지 못한 모습이 되어 살 수도 있고, 혹은 내가 상상한 그대로 살 수도 있다. 낯설게만 느껴지던 나의 또 다른 모습이 두렵고 피하고 싶을 때도 있었다. 하지만 그 감정들을 심각하게 고민한 적이 있었냐는 듯 소임을 잘 해내는 내가 있다.

보고 배웠기에
하지 말아야 할 것과 해야 할 것을
알고 있으니까.

나는야 카멜레온

얼마 전 살던 곳에서 조금 거리가 있는 곳으로 이사를 결정했다. 갑작스러운 결정이었다. 그 전엔 집이 나가면 살던 곳 인근의 대단지 아파트로 이사 갈 생각이었다. 그래서 미리 인근 대단지 아파트에 사는 사람들과 교류를 시작했었다.

"아이가 몇 살이에요?"
"이제 네 살 됐어요."
"학습지나 학원은요?"
"아, ○○ 학습지하고 미술교습소 보내고 있어요."
"잘됐네요, 여기 엄마들 모두 교육열이 엄청나서 아무것도 안 시키면 다른 엄마들이랑 어울리기 힘들어요."

그렇게 내가 어울릴 만한 엄마로 합격점을 받은 것인지, 이 아파트로 이사를 오면 아이가 누릴 수 있는 것들에 대해 세세하게 알려주기 시작했다. 주차도 가구당 두 대가 기본이고, 주차장이 지하여서 아이들 사고 날 위험 없이 킥보드나 자전거를 탈 수 있다. 아파트 내에 생태 천이 있어 아이가 자연을 가까이 접할 수 있다. 문화센터도 잘 갖춰져 있어 초등학교 입학 전에 아이가 배울 수 있는 것들도 정말 많다. 영어, 한글, 수학은 물론이고, 발레, 미술, 피아노, 바이올린, 태권도, 수영, 골프 등등 요즘 초등학교에 입학하기 전에 아이들이 기본이라며 배우는 것들이 엄청나다. 누가 기본으로 정해 둔지는 모르겠지만 그 아파트에서는 기본적인 것 대부분을 배울 수 있는 데다 입주민들은 할인까지 해줬다. 아파트가 끼고 있는 초등학교에는 입학 전에 이 모든 걸 배우고 오는 입주민 아이들이 주류였다. 엄마들의 교류도 잦은 덕분에 얻을 수 있는 정보도 많았다. 물론 초등학교 저학년까지 만이고, 고학년이 되면 학원가가 더 잘 갖춰진 동네로 이사 가는 게 추세라는 것도 잊지 않고 알려줬다.

"뭐든 많이 경험시켜보고 맞는 걸 찾는 게 중요하죠. 그러려면 어릴 때부터 다양하게 경험을 시켜보는 수밖에 없죠. 초등학교 들어

가면 본격적으로 공부해야 하니까요."

토씨 하나 틀린 말이 없다. 하지만 나의 뇌리엔 굿 네이버스 광고 목소리가 들린다. '아이들은 자유롭게 뛰어놀 권리가 있습니다.' 하지만 입으로는 전혀 다른 말이 튀어나왔다.

"맞는 말이네요. 경험은 정말 중요하죠. 00 엄마는 몇 살 때부터 학원 보내기 시작했어요?"

"학원은 4살이 되면서 보냈지만 돌 지나서부터 바로 엄마표 가정교육을 시작했어요. 실제론 태교 때부터라고 봐야죠. 첫째 땐 저도 초보 엄마다 보니 정말 엄청난 정성을 쏟았어요. 다시 하라면 도저히 엄두가 안 날 정도예요. 그래서 막내는 그냥 대충 키우고 있어요. 물론 첫째, 둘째를 더 신경 써야 해서기도 하구요. 하지만 5살 막내도 벌써 방문학습지와 학원까지 8개나 다니네요. 위로 형제들이 있다 보니 따라서 하고 싶은 게 많기도 하고, 저도 기본적으로 시키게 되는 것들도 있고요. 어휴 요즘은 위에 애들 학원 시간 맞춰 기사 노릇 하느라 막내한텐 정말 미안한 마음이 커요. 돈이며 시간도 그렇지만 정신적으로도 엄마 노릇은 너무 힘들어요, 정말."

나도 아이 정서와 성장통에 좋다고 해서 아이가 잠든 후까지도 책을 읽어주고, 노래를 불러주며 마사지를 해주고 있다. 퇴근 후 발바닥이 사라질 것처럼 통증에 시달려도 아이에게 친구를 만들어주기 위해 놀이터며 키즈 카페며 꼬박꼬박 데리고 다녔다. 아직 이르다는 남편의 핀잔이 있었지만, 발등에 불이 떨어진 것처럼 3살에 방문학습지를 시작하고 3살도 받아주는 미술학원을 기어이 찾아내어 보냈다. 참고로 유아 미술은 최소한 5살이 되어야 받아준다. 아이가 원하는 것이 더 중요하다고 내내 생각하면서도 나도 모르게 내가 가르치고 싶은 것을 가르치고 있다. 내 교육관은 지극히 이중적이다. 어느 것 하나 포기하지 못한 채 여전히 이리저리 끌려다니고 만다.

갑작스러운 남편의 이직으로 인해 살던 곳에서 거리가 있는 곳으로 이사 계획을 바꾸게 되었다. 아이는 친구를 잃고 나는 직장을 포기해야 했다. 하지만 아이도 나도 크게 미련을 가질 정도는 아니었다. 타지생활을 하며 이사를 자주 다녀서 그런지 딱히 동네에 집착하진 않는다. 다시 또 완전히 모르는 지역에서 모든 걸 알아봐야 했다. 직접 사는 사람들과 교류하지 않는 한 세세한 정보를 얻기가 힘들다. 하지만 이미 욕심나는 조건들이 맘속에 자리 잡았기에 최대한 찾아내어 새롭게 살 곳을 정했다. 전철역 10분 거리, 초등학교를 끼고 있고, 수영장이 갖춰진 문화센터가 걸어갈 거리에 있다. 개울이 있는 산책로도 있고, 여름이면 아이가 맘껏 수영을 할 수 있는 하천도 근처에 있다. 집 앞에 곧 도서관도 생긴다. 숲세권이라 뷰도 좋고, 공기도 좋다. 아쉬운 건 학원이 없다. 그런데 나는 왜 아쉬운 건가?

내 안의 여인은 말한다. 넌 이미 맹모의 길에 들어섰어!
아, 엄마란 이름이여! Yes, I am. 여기 맹모 한 명 더 있사옵니다!

아이의 환경만큼 맹모의 환경 역시나 중요하다. 아무리 뚜렷한 중심을 가진 부모라 할지라도 금쪽같은 내 아이가 걸린 문제에서 흔들리지 않을 부모가 몇이나 될까? 어린아이들은 순진무구하여 환경에 영향을 받고 어른들은 걱정, 질투, 욕심으로 인해 때론 알면서도 모른 척 물들고 만다.

인간은 우리가 생각하는 것보다 훨씬 더 많이,
만나는 누군가의 생각과 감정에 영향을 받는다.

시댁에서의 한 달

이사 전, 이사 날짜가 맞지 않아 시댁에 한 달 넘게 얹혀살게
되었었다. 솔직히 시댁으로 들어가기 전 고민이 많았다. 내 사
정을 말했을 때 한 친구가 말했었다.

"시댁이랑은 거리를 두고 살아야 해. 시댁은 시댁일 뿐이야. 하지만
이미 결정한 거라면, 들어가서 나는 없는 사람이라고 생각하고 지내.
그래도 그 한 달이 지나면 남편을 아주 조금은 이해하게 될 거야."

참고로 이 말을 해 준 친구 역시 개인 사정으로 2년간 시댁에
들어가 살았었다. 친구의 시어머니는 사람 좋고, 쿨 하고, 부자
이기까지 했다. 친구 역시 친구들 사이에서 부처로 통할만큼 무
슨 일에든 배려가 넘치고 초연한 친구였다. 그런 친구의 말이었

기에 나는 더 고민하게 되었다.

괜히 두려워져 결정을 뒤엎고 싶었지만, 남편이 "언제 다시 부모님과 살아 보겠냐?"라며 은근하게 부담을 주는 바람에 끝내 내 목소리를 내지 못했다. 남편으로선 돈도 아끼고 자기가 살던 집이니 사실 편했을 것이다. 뭣보다 효자인 남편 입장에선 부모님과 함께 지내는 것이 이번이 정말 마지막이 될 수도 있으니, 이 기회에 함께 있고 싶은 마음도 들었을 테다. 남편 마음이 이해되지 않는 건 아니었기에 '그래, 까짓 한 달, 버텨보자.'라고 자신을 다독였다.

자주 보는 것과 같이 사는 것은 차원이 다르다. 사랑하는 남편과도 같이 살면서 부딪히는 부분들이 많다. 시간으로 서로에게 길드는 게 더 많을 정도다. 40일은 애매한 시간이었다. 남이나 다름없는, 거기에 고리타분한 생각을 하는 이전 세대분들과 40여 일을, 그것도 좁은 공간에서 부대끼는 건 어쩌면 무모한 도전이었다. 물론 어른들과 사는 게 편하거나, 싹싹해서 누구에게든 잘 맞춰주는 사람들도 있다. 하지만 나에게는 그저 무모한 도전에 불과했다.

'에라, 모르겠다.'가 결국 일을 냈다. 예상된 일이었다. 친정 부모님들과도 고작 며칠 함께 지내는 것도 불편한 주제에…. 무한도전을 너무 오래 봤나 보다.

남편은 어쩌면 그래서 내게 더 소중한 사람이다. 함께 있는 게 전혀 불편하지 않게 나를 길들인 유일한 사람이니까. 까짓 한 달, 버텨보자고 자신을 다독인 게 무색할 정도로 나는 불편함에 몸부림을 쳤다. 덩달아 시부모님들도 불편해하셨다. 하지만 결정을 되돌릴 수 있는 타이밍이 지나버린 뒤였다. 누군가는 시부모님이 돌아가신 뒤, 지금의 이런 생각들을 후회할 거라고 말할지도 모른다. 시간이 더 지나면 정말 후회할지도 모른다.

친정아버지는 7년 전 어느 날 갑자기 간암 말기 판정을 받았다. 그리고 두 달 뒤 돌아가셨다. 당시 나는 지금과 비교할 수도 없을 정도로 가족을 뒷전으로 뒀고, 내 일만 하는 데 급급한 불효 막심한 딸이었다. 사실 그렇게까지 금방 돌아가실 거로 생각하지 않았기에 마지막까지 곁에 있어 주지도, 잘하지도 못했다. 그때 곁을 지켰다면 후회가 덜 했을까? 시간이 어느 정도 흘러 깨닫는 건, 시간을 되돌릴 수 없다는 것과 잘하건 못하건 후회는 남는다는 것이다.

시댁에서 보낸 40일, 그래도 얻은 건 있었다. '아, 이 사람은 이런 말을 들으며, 이런 생각들을 당연시하며 자라왔구나!' 친구의 말처럼 도대체 이해할 수 없었던 남편의 행동들이 조금은 이해되기 시작했다.

남편이 나를 봤을 때도 분명히 이해가 안 되는 부분들이 있을 것이다. 나 역시 완벽하기는커녕 제멋대로인 부모님의 딸로 20년의 세월을 보고, 배우고, 내가 원하건 원치 않건 흡수해 버린 것들이 있다. 또 20년 가까운 자취생활과 사회생활로 갖게 된 안 좋은 습관이나 버릇들도 많다. 그런데도 남편은 나를 있는 그대로 받아들이려고 노력하고 있다. 그래도 나는 이제 남편이 왜 그러나 어렴풋이 이유는 알게 되었다. 하지만 남편은 여전히 이유도 모른 채 나를 있는 그대로 받아들이려 애쓴다. 남편이 기특해졌다. 시댁에서의 한 달, 남편이 조금은 이해되고 덕분에 더 사랑하게 되었다.

이사 당일, 나는 날아갈 듯이 해방된 기분으로 새집으로 향했다. 이사할 집에 일찌감치 도착해 짐을 싸고 있는 전 세입자와 잠시 이야기를 나누게 되었다. 우리 부부와 비슷한 연배의 그들도 이사할 집에 문제가 생겨 당분간 다른 곳에 머물기로 했단다.

"어머, 저희도 시댁에 있다 왔어요, 이사 전까지 어디 계시기로 했어요?"

"시댁에 계셨어요? 대단하시네요! 저희는 남편은 아들과 시댁에 들어가기로 했고, 저는 딸이랑 공부도 할 겸 고시원에서 지내기로 했어요."

"와! 엄청난 결정을 하셨네요. 그런데 어떻게 남편분과 떨어져 지낼 생각을 했어요?"

"그게… 제가 시부모님과 잘 안 맞아서요…."

누가 들으면 안 되는 듯 조용히 말하는 그녀였지만, 그녀의 결정만큼은 용기백배했다.

상황에 의해 만들어진 억울한 상황이라도 그 상황 이후에 얻는 건 분명히 있다. 충분히 고민한 뒤 내린 결정이라도 그 결정이 낳은 결과가 만족스럽지 못할 때도 있다. 하지만 어떤 결정을 할 때, 다른 사람이 주체가 되는 게 아닌 내가 주체가 되어 상황을 만들어 가는 것이 더욱 만족스러운 결과를 가져온다. 때로 "넌 너 위주로만 생각하니? 너 말대로 해서 이렇게 됐잖아!"라는 말을 듣더라도 내 결정에 의한 결과니, 최소한 승복할 수는 있을 테다.

시댁에서의 한 달, 남편이 이해되기 시작했다.

제3장

**너는 옳다,
그리고 너는 잘못되었다**

집착 하나_ 고집과 아집

나이가 어느덧 40이 훌쩍 넘어 버린 탓일까? 내가 나이를 먹어 가듯이 내 주변 사람들도 그렇게 중년이 되었거나, 장년 혹은 노년이 되어 버렸다. 다들 새로운 것을 흥미롭게 여기고 자연스럽게 받아들이던 때가 언제였냐는 듯, 어느새 새로운 것이라면 거부감부터 가지는 나이가 되었다. 이제 배우기보다는 경험했던 것, 아는 것을 토대로 가르치려는 심리도 커졌다. 한때 과거에만 집착하며 가르치려고만 드는 꼰대들을 비꼬았는데, 개구리가 올챙이 시절을 기억 못 하듯 그렇게 우리는 어느덧 꼰대가 되어 버렸다.

과거에 집착한 모습이라고 꼭 나쁘지만은 않다. 지금 시대는 아날로그로의 귀환이 대세다. 하지만 유행을 떠나서 우리가 살아오면서 고수해 온 어떤 규칙이나 가치들은 언제까지고 이어져 갔으면 하는 것들도 있다. 오랫동안 고수해 온 만큼 좋은 집착. 중식은 불 맛이요, 일식은 칼맛, 한식은 자고로 장맛, 손맛이라 했다. 변함없이 우리 밥상을 지켜온 김치나 된장, 고추장, 간장 같은 먹거리도 물론이고, 장인들에 의해 오랜 시간 명맥을 유지하고 있는 유형무형의 기술들도 그렇다. 이런 것들은 고집스러운 집착이 낳은 산물이다. 언제까지고 이어졌으면 싶은 좋은 집착이기도 하다.

고집(固執): 자기의 의견을 바꾸거나 고치지 않고 굳게 버팀. 또는 그렇게 버티는 성미
아집(我執): 자기중심의 좁은 생각에 집착하여 다른 사람의 의견이나 입장을 고려하지 아니하고 자기만을 내세우는 것

20년, 30년 전에 혹은 10년 전에 본인이 잘나갔던 그 시절의 방식에만 집착하는 사람들을 볼 때가 있다. 기존의 것, 이미 형성되어 있는 것만 고수하며 그것이 정답인 양 버티는 것도 모자라 남들에게 주입하길 주저하지 않는 사람들. 과거에는 그 방식이 그 시대에 부합하는 새롭고 열정적인 시도이자 좋은 성과를 거

둔 효과적인 방식이었다. 그렇게 잘 먹혔으니 그들이 지금의 높은 자리에 올랐을 것이고, 과거에 연연하며 그 방식을 고수하게 된다. 그들은 주로 "라테는 말이야~"라면서 이미 메리트를 잃어버린 줄도 모른 채 과거의 방식을 당연한 듯이 설파하기 일쑤다.

그러나 시대는 계속 변한다. 비록 유행이 돌고 돈다고 하지만 유행이란 시대에 부합되게 새로운 형태로 만들어진다. 과거를 연구하고, 카피하며, 시대를 반영하고, 창의적으로 새로운 시도를 하는 것. 그렇게 해서 만들어진 현재의 가치가 바로 지금 먹히는 것이고, 새로운 경쟁력이 된다. 대부분의 새로운 것은 주로 과거를 바탕으로 더 나은 방안으로 만들어진다. 가치이든 방식이든 기술이든 새로운 것을 거부하기보다는 먼저 이해하려고 노력해야 하는 이유가 바로 이 때문이다.

"예전만 못해, 예전이 좋았어, 예전에는….'이라는 말을 시작으로 자신이 고수해 온 것들을 일방적으로 주입하기에만 바쁜 사람들의 말은 진심으로 들어주기가 힘들다. 그들은 더는 스스로 연구하고, 시도하길 원치 않는 것도 모자라 그 자리에 멈춰서서 새로운 것을 무시하기도 한다. 자연히 발전은 없고, 도태되는 것도 시간문제다. 우리가 주로 꼰대라고 부르는 이들은 이런 사람들이다. 하지만 그들에게도 배울 점은 있다. 우리는 언제나 과거를 기반으로 미래의 더 나은 무언가를 만들어가야 하니 말이다. 그들은 우리가 앞으로 만들어갈 더 나은 방안의 기반인 것이다.

사람마다 이유가 다르겠지만, 다른 이유로 과거에 집착한 사람들도 있다. 나이가 들면 대부분 안전한 걸 추구한다. 그렇게 안전한 것에 길들여져 새로운 것을 불안전한 것으로 받아들이기도 한다. 젊은 시절에는 누구보다 먼저 새로운 것을 찾고, 섭렵하고, 쟁취하던 모습을 가졌던 그들도 나이가 들어감에 따라 익숙한 것, 안전한 것만 찾으며 자신이 만든 안전한 울타리 속에 머물고 만다.

꼰대라는 말이 그저 나이를 먹으면서 듣게 되는 호칭이 되어버린 것이 당연하게 느껴질 만큼, 나이가 들수록 각자의 이유로 꼰대가 된다. 우리는 모두 나이 들어갈 수밖에 없다. 과거가 없다면 어찌 지금의 내가 있을 수 있을까. 과거의 경험과 데이터들로 각자 지금의 삶을, 생각과 가치와 방식을 만들어냈다. 과거가 우리의 현재를 있게 한 이상 과거에 대한 집착이 완벽하게 없을 수는 없다. 그렇게 나이가 들어감에 따라 이제까지의 데이터들을 토대로 안전하게 여겨지는 것을 추구한다.

솔직히 익숙한 게 더 좋은 건 말해 뭘 할까. 미래는 누구에게나 불안하다. 익숙한 방식을 토대로 안정적인 미래를 꿈꾸는 것이 때론 정답처럼 여겨진다. 이제까지 고수해 왔던 방식이 당장은 안정적인 방식이라 여겨질 수도 있다. 하지만 아무리 소원하더라도 곧 시대착오적으로 될 날이 오고야 만다. 불안한 미래에 대한 최소한의 노력이라고 한다면 바로 배우기를 주저하지 않고, 시대의 흐름을 거부하지 않는 것일 테다.

시대는 언제나 빠르게 변화에 변화를 거듭했고, 변화하는 속도에 못 맞추는 사람들은 언제나 있었다. 그리고 그들을 비웃듯 빠르게 변화의 흐름을 타는 이들도 언제나 있었다. 변화의 흐름에 올라타는 이들 중에는 혈기 왕성한 젊은이들만 있는 것은 아니었다. 20대 젊은이들 못지않게 혈기 왕성하고 진취적인 사고를 하는 열혈 장년이 많다. 그들이 아무리 열혈 장년이라고 해도 나이와 체력을 무시할 수는 없다. 하지만 경험과 데이터를 충분히 가지고 있는 그들은 열혈 청년보다 훨씬 뛰어난 두뇌 회전과 아량, 거기에 지구력을 가지고 있다. 그들은 그렇게 자신의 한계를 차츰차츰 늘려가면서 시대의 주역이 된다.

중요한 것은 숫자에 불과한 나이가 아니다. 그저 그들이 삶을 바라보고 받아들이려는 자세가 아닐까? 익숙하다고, 예전에 통했다고, 안전하다고 생각하는 것은 지금 그렇게 느끼는 자신일 뿐이다. 현재는 언젠가 과거가 되고 만다.

고집을 잘 관리하면 신념이 되지만
잘못 관리하면 아집이 된다.

집착 둘_ 과거는 누구나 아프다

집착이란 어떤 것에 마음이 쓰여 잊지 못하고 매달리는 것으로 애착이나 집념과도 비슷한 의미를 가진다. 어떤 의미로 사용되느냐에 따라 꼭 나쁜 의미만 가지는 것은 아니다.

사람마다 집착하는 것이 있다. 누구는 애인, 누구는 남편, 누구는 아이, 반려동물, 일이나 취미생활도 있다. 집착이 없는 사람은 없다. 오히려 집착하는 것이 없다는 것이야말로 우울하다. 인생에 소중한 것들은 대부분 집착하기 마련이다. 애착이 될 것이냐, 집착이 될 것이냐는 한 끗 차이다. 바로 '적정선'이다. '적당히'를 잘 못 하면 자신을 괴롭히게 되고, 심할 경우 가까운 사람들까지 괴롭히거나 피곤하게 만들게 되는 것이다.

과거의 트라우마나 상처 때문에 현재의 자신까지 괴롭히며 사는 사람들을 만나게 된다. 상처가 없는 과거를 가진 사람이 몇이나 될까? 파고 보면 누구나 상처투성이다. 그런데 누구는 툴툴 털고 일어나 현재의 소중한 것들을 애착하며 누가 봐도 반짝반짝 빛을 내며 살고, 누구는 과거의 상처에 집착해 현재의 소중한 것들마저 그 빛을 잃게 만든다. 누군가의 상처가 더 작아서가 아니다. 상처의 크기를 어떻게 비교할 수 있을까? 작은 상처건 큰 상처건 아픈 건 아픈 거다.

무엇보다 상처를 바라보는 시각을 어찌하느냐가 중요하다. 나의 상처도, 당신의 상처도 이미 상흔만 남아있다. 상흔. 상처의 흔적까지 완벽하게 없앨 수는 없지만, 흔적을 보고 아파하는 것은 바보짓이다. 하나 더, 우리는 우리가 생각하는 것보다 훨씬 더 단순한 존재다. 과거에 대한 집착을 내려놓는 순간, 과거는 과거가 된다. 물론 이것은 타인이 이래라저래라할 문제도 아니고 해결해 줄 수 있는 문제도 아니다.

언젠가 친한 지인이 과거에 파묻혀 자신을 괴롭히는 모습이 안타까워 오지랖을 떤 적이 있다.

"네가 내 상처가 얼마나 큰지 몰라서 그래! 너는 사랑받고 자라서 당당하고 행복하게 사니까 다른 사람의 상처를 이해 못 해."

돌아온 메아리는 과거에 집착하고 자신을 괴롭히며 사는 모두가 한결같았다.

"그래, 모르지. 나는 네가 아니니까. 근데 나라고 평생 사랑받으며 행복하게만 살아왔을까? 아니야. 나도 상처투성이야. 그저 과거가 아닌 지금을 살려고 노력하는 것뿐이야."

나도 상처가 있다. 아니, 많다. 그냥 많은 게 아니라 헤아리기 힘들 정도로 너무 많다. 과거를 떠올리면 아프고 슬프다 못해 죽고 싶은 날들도 있다. 그래서 어쩌라고? 과거가 너무 아프니까 과거에 매달려 사는 게 정답일까? 아픈 과거를 아무렇지 않게 추억하기란 나 역시 쉽지 않다. 하지만 아픈 과거가 있었기에 나는 강하다. 많이 아팠던 만큼 더 단단해졌고 더 성숙해졌다. 아픈 과거는 더 행복한 미래를 만들고픈 원동력이 되어준다. 똥은 더럽고 냄새가 나지만, 어떻게 쓰느냐에 따라 최고의 거름이 된다. 아픈 과거는 지금 내 옆에 있는 소중한 것들을 애착하며 돌

볼 수 있는 더욱 소중한 거름이 될 수 있다. 결국 어디에 중점을 맞추는가일 뿐이다. 과거를 살지, 지금을 살지.

과거가 아플수록 지금 더 행복할 수 있다.
그걸 모르고 있는 사람은 당신뿐이다.

아픈 과거가 있었기에 나는 강하다.
많이 아팠던 만큼 더 단단해졌고 더 성숙해졌다.
아픈 과거는 더 행복한 미래를 만들고픈
원동력이 되어준다.

그래 봐야 세끼 먹는다

얼마 전 브래드 피트가 나오는 영화 〈애드 아스트라〉를 보았다. 애드 아스트라(Ad Astra)는 '역경을 딛고 우주로'라는 뜻이다. 제목만 보면 우주를 소재로 한 SF 영화지만 대부분의 SF 영화처럼 전혀 스펙타클하지 않다. 오히려 정적이다 못해 지루하기까지 한 영화다.

줄거리를 스포하자면, 이상의 실현을 갈구하다 결국 먼 우주에서 지구에까지 재앙을 불러일으키고 있는 아버지. 지구를 구하기 위해 아버지를 찾아 길고 긴 우주여행을 감내하는 아들의 이야기다. 주인공은 아버지의 아들이니 싫건 좋건 많이 닮았다. 자신이 좇는 길이 허상인 걸 인정하지 못한 채 오로지 앞만 보는 독선적인 모습, 그리고 이상을 위해 사랑하는 사람들을 가차 없이 버리는 모습까지 똑 닮았다. 아들은 결국 아버지가 만든 재앙의 근원지를 파괴하지만, 아버지를 잃고 홀로 지구로 돌아온다. 하지만 다시 만나게 된 아버지 덕에 알게 된다. 자신이 좇고 있었던 게 무엇인지, 놓치고 있었던 게 무엇인지. 더 이상 이상을 좇는 게 아닌 가까운 사람들과 소소한 일상에 집중하며 살아보기로 한다.

영화 속 부자도 그렇고 나도 그랬고 무엇이 중요한지 깨닫기 전까지 모두 안쓰러울 정도로 고독한 삶을 산다. 3자의 눈으로 보니 잘 보인다. 영화 속 아버지는 아쉽게도 자신이 실패했다는 사실도, 자신이 좇은 게 허상이었다는 사실도 끝내 인정하지 않았다. 그리고 고독사했다. 아들은 인생에 보다 더 중요한 것을 깨달았다. 그리고 일상의 행복을 찾았다. 그렇다고 원대한 이상이나 비전을 가지지 말라는 게 아니다. 꿈을 좇는 삶을 살아야지. 암만! 하지만 꿈을 좇는 삶이 공허하고 고독하다면 무언가 놓치고 있다는 것이다.

성공한 유명인들의 자서전을 보면 그들은 오로지 그들이 좇는 한 가지에만 집중하며 숱한 난관을 뛰어넘고, 때론 처절한 실패도 겪는다. 하지만 결국 실패를 발판 삼아 끝내 성공이라는 타이틀을 거머쥐게 된다. 개인적으로 항상 아쉬운 부분이 있다면, 사회적 성공이 개인의 행복까지 가져다주지는 못했다는 것이다. 둘 다 가지게 된다면 얼마나 좋을까만, 단 한 가지만 좇기 위해 버리게 된 것이 주로 사랑과 행복인 경우가 많았다. 원대한 이상도 좋고, 비전도 좋다. 하지만 개인적인 행복이 없다면 그따위가 다 무슨 소용일까.

아등바등하며 살 때 항상 흘려들었던 말이 있다.

밥은 먹고 일하니?
잠은 자면서 일해야지.
집에 안 오니?
그래 봐야 세끼 먹는데이~

그러면 나는 대답했다.

한 끼 먹어도 안 죽어. 요즘 영양제가 얼마나 잘 나오는데.
시먼스 침대에서 자면 3시간만 자면 된대, 죽으면 어차피 계속 자.
너무 바빠. 시간이 없어.

밥 먹는 게 인생의 다가 아냐.

그땐 몰랐다. 삶이 무언지. 지금은 알까? 말해 뭐해, 지금도 모른다. 하지만 한 끼건 두 끼건 사랑하는 이들과 먹는 밥이 맛있고, 잠은 푹 자야 피부 미인이 되고, 남들 일할 때 놀면 괜히 더 신나고, 제때 식물에 물을 주니 이제 죽어 나가는 식물이 없어서 뿌듯하다. 이런 식으로 말하면 원대한 비전, 그런 거 없는 줄 알겠지만, 그런 것도 있다. 하지만 꿈을 좇는 삶이라고 소소한 일상을 포기할 필요는 없다는 것을 깨달았다. 즐길 때와 집중할 때를 아는 게 중요하고, 기어가든 날아가든 그 길로만 가면 될 뿐인 것이다.

어떤 가치를 더 추구하는가는
사람마다 다르지만
잘 먹고 잘 살고 싶은 건 같다.

옳은 것과 옳다고 여기는 것

인간이고 동물이고 어릴 적부터 주입받아 믿어 온 것들을 토대로 어른이 된다. 그렇게 각자 주입받은 믿음과 또 각자의 경험으로 만든 고정관념이 합쳐져 가치관을 만들어내어 살아간다. 그래서 나의 현실은 내가 무엇을 믿고 있는가를, 어떤 고정관념을 가졌는지를 비춰주는 거울이다. 고정관념은 한마디로 나의 믿음이다.

오랜 시간 박힌 고정관념을 바꾸기란 쉽지 않다. 이미 일어난 사건을 바꾸려는 것이 불가능한 것처럼, 지금 현실도 고정관념이 변하지 않는 한 쉽게 변하지 않는다. 현재가 불만족스럽다면 할 수 있는 일은 자신의 고정관념 혹은 가치관을 이제라도 바꾸는 방법 말고는 없다. 거울 속의 불행한 내 모습이 내가 이제껏 믿은 고정관념 때문이라면, 거울 앞에 선 내가 먼저 웃는 수밖에 더 있을까.

내 멋대로 쌓은 믿음이고 고정관념이지만, 나 혼자서 바꾸기란 어렵다. 그나마 다행인 건 우리는 배울 줄 아는 사람들이라는 것이다. 모르는 것은 배우고, 잘못된 것은 고치면 된다. 배움이란 모르는 것을 알게 되는 행위다. 이때 가르치는 사람과 배우는 사람이 같으면 아무 의미가 없다. 나 자신에게 배운다는 것은 애초에 말이 안 되는 논리다. 배우기 위해서는 나 이외의 존재가 필요하다.

물론 내가 만나게 될 누군가 역시 자신만의 고정관념에 의해 사는 또 다른 한 명이다. 그런 사람을 만나봤자 아무 도움도 안 되는 거 아닐까? 아니, 무조건 도움이 된다. 항상 이것만 인지하고 있으면 된다. 그 누구도, 그 어떤 것도 옳은 것은 없다는 것을 말이다. 누군가를 옳다, 그르다고 단정 짓기보다는 상대방을 통해 내가 가지고 있지 않은 새로운 것을 알게 되는데 집중하는 것이 더 현명하다. 다시 한번 말하지만, 배운다는 것은 모르는 것을 알게 된다는 뜻이다. 더 옳기 위해서가 아니라 그저 모르는 것을 배우기 위해서 누군가를 만나야 한다.

만남이란 것이 귀찮고 피곤하기만 할 수도 있다. 자신이 얼마나 노력했는데도 불구하고 불행한지 알아주길 바라고, 얼마나 잘살고 있는지 자랑하고 싶어 하고, 험담은 뭐, 보편적 상식 수준이니. 전혀 관심 없는 이야기를 들어주며 반응을 해주고, 내가 하는 말이나 행동을 어찌 생각할지 신경을 곤두세우는 건 피곤한 일이다. 그렇게까지 하면서 사람들을 만날 필요가 있을까 반문하겠지만 자연인이 되지 않는 이상 어차피 혼자 살아갈 순 없는 세상에 살고 있다. 이왕 만나야 하고 만나게 될 거, 배우는 기회로 삼는다면 만남이 조금은 더 소중해질 수 있다.

결국 아무리 피곤해도, 귀찮아도 누군가를 계속 만나야 한다. 배움도 물론이지만, 말을 가슴에 담아두기만 하는 것은 정신건강에 해롭다. TMI (Too Much Information : 너무 과한 정보, 굳이 알고 싶지 않은 이야기)만 적절히 조절한다면 수다는 힐링이 된다. 무엇보다 너라면 할 수 있다고 응원해 주는 사람 역시 나 자신이 아니라 언제나 타인이다. 나 혼자만 꿈을 꿀 때는 보통 할 수 있을까? 내 주제에? 감히? 엄두가 안 나는 일처럼 느껴지다가도, 다른 사람에게 응원이나 동기부여를 받아 실행하게 되는 경우가 많다.

나는 참, 내가 생각해도 매우 자주 모순적이다. 덕분에 인간관계건 일이건 시시때때로 오르막을 오르기도 하고 내리막을 걷기도 했다. 하지만 오르락내리락을 반복하면서도 앞으로 나아갈 수 있었던 건 꾸준히 관계를 맺으며, 그 관계를 통해 무언가를 배우고, 무언가를 주고받아서였다. 결국, 길을 걷는 건 나지만 내 곁엔 항상 누군가가 있었기에 나는 내가 바라는 길을 찾아내 걸을 수 있었다.

현실이란 그 사람의 믿음에 의해, 100% 스스로 만들어 낸다. 그렇기에 우리는 자주 틀렸다고 생각하지 않는다. 그것이 고정관념이 되었든, 자기합리화가 되었든, 우리는 항상 내가 옳다고 여기게 되어 있다. 참으로 다행인 것은 인간은 사회적인 동물이라는 것이다. 우리는 관계를 맺음으로써 가치관을 넓혀가고 고정관념을 깰 수 있다. 그리고 힘을 얻어 앞으로 나아갈 수 있다.

슬기로운 결혼생활

사랑! 그 가슴 떨리고 아름다운 감정을 1년 365일, 8,760시간을 계속 누린다면 얼마나 행복할까? 안타깝게도 불타는 사랑의 유예기간(대부분 심리학자는 18개월~ 24개월이라고 말한다)은 끝이 있다. 특히나 현실 결혼생활에서는 자란 배경도, 생각도, 소통 방법도 너무나 다른 배우자에게 실망을 금치 못하는 순간을 금세 맞게 된다.

이전 세대들에게 결혼이란, 참고 인내하며 누구 하나 죽을 때까지 긴긴 시간을 견디는 것이 전부였다. 유교 사상이 머리에 박혀 있어 이혼은 꿈도 꾸지 않았다. 그렇게 죽는 순간까지 기대하고 실망하고 결국 서로를 비난하고 헐뜯다 포기한 상태로 그저

육체만 함께 하는 게 결혼생활이었다. 바로 내 부모 세대까지만
해도 그랬다. 고작 한 세대를 지나며 사람들의 인식이 많이도 변
했다. 이혼을 선택한다는 건 여전히 쉬운 결정이 아니지만 많은
이들이 결혼생활을 포기한다. 물론 누구도 잘못한 게 없다. 단
지, 두 사람이 서로 다른 방식으로 사랑을 표현하다 언젠가부터
말이 안 통한다고 생각할 뿐이다.

실제 내 주변에도 젊거나 늙었거나 상관없이 이혼 경력을 가진
남녀들이 숱하다. 어느새 이혼은 남의 동네 이야기가 아니라 내
앞집, 옆집, 우리 가족 누군가의 이야기가 되었다. 결혼 생활 6
년 차. 나 역시도 이혼을 떠올려 본적이 몇 번이나 있다. 하지만
과연 헤어지는 것만이 해결책일까? 우리에게는 넘치는 사랑은
아니더라도 최소한 함께이면서 더 외롭지 않을 수 있는 슬기로
운 방법이 필요하다.

실제 사랑뿐만 아니라 모든 인간관계에서 일어나는 불행의 원
인을 꼽으라면 소통 불가가 일등이다. 암만, 알지, 알다마다! 소
통의 중요성! 우리가 자주 착각하게 되는 것이 있다면, 바로 내
가 소통하는 방식이 당연히 상대방에게도 먹히리라고 생각한다

는 것이다. 하지만 소통은 일방통행이 아니다.

모든 인간관계의 연결고리인 소통! 소통은 꼭 배우자가 아니더라도 사랑을 갈구하는 모든 이들에게 중요한 사항이다. 누구나 사랑을 갈망한다. 어리든 늙었든 예외는 없다. 결혼생활도 그렇고 모든 인간관계도 예외 없다. 충분히 사랑받으며 살아온 사람들이라고 해서 모두 사랑을 잘하는 것도 아니고, 평생을 사랑받지 못하고 살아왔다고 해서 시도조차 포기할 필요는 없다. 사랑은 언제나 상대가 필요하고 우리는 늘 새로운 인간관계를 만들며 살아간다. 그러니 사랑받고 싶다면 계속해서 상대방의 소통 방법을 배우고 익혀나가려는 자세가 필요하다.

역지사지의 태도가 바로 긍정적인 마음과 진정성 있는 관계로의 시작을 연다. 완벽하게 상대방으로 빙의해 보는 것. 이것이야말로 상대방이 나와 다름을 인정하게 해주고 상대를 있는 그대로 이해할 수 있게 만들어 준다.

사람이 열 명이 있다면 한 사람도 소통 방식이 같은 사람은 없지만 열 명 모두가 바라는 것은 같다. 진정성 있는 칭찬과 감사,

중요한 사람이 되고 싶은 갈망! 인간을 움직이게 하는 가장 중요한 힘은 바로 인정욕구다. 칭찬, 감사, 이런 것들이 바로 우리의 인정욕구를 만족시키는 주재료다. 인정욕구는 사람의 자존감과 연결되기도 한다. 인정받는 말을 들음으로써, 신뢰받음으로써, 우리는 자신감을 얻는다. 그리고 나를 믿어주고 알아주는 상대방을 자연스럽게 사랑하게 된다. 사랑은 특히나 소통이고 배려이고 신뢰다.

 어쩜 이렇게까지 다를 수 있을까 싶을 정도로 하필 배우자는 자신과 정반대의 성향인 경우가 많다. 사람은 보통 자신이 가지지 못한 것에 이끌리기 마련이니 정반대 성향의 배우자를 만나게 되는 건 어쩌면 자연스러운 궁합인지도 모른다. 억울하지만 우리에겐 과거를 돌릴 수 있는 능력이 없으니 내가 원하는 관계는 스스로 만들어가는 수밖에 없다. 내키지 않더라도 토를 삼키는 한이 있더라도 일단 배우자의 인정욕구부터 채워주자. 배우자의 인정욕구를 찾아내는 것은 사실 부부라면 쉬운 일이다. 평소 행동하면서 생색내는 부분이 바로 배우자의 인정욕구다. 물론 칭찬과 감사가 하루아침에 좔좔 나오진 않는다. 하지만 말해줘야 한다.

"성격상 난 안 돼!"라고?

성격상 어려운 일일 수도 있다. 성격은 기질이다. 타고나는 것이다. 부모님으로부터 물려받은 유전적 측면이 강하다. 우리는 기본적으로 이기적이거나 개인적인 성격을 베이스로 깔고 있다. 하지만 지극히 사회적인 동물이기도 하다. 누군가를 만남으로써 이타심, 협동심, 사회적 감각이 생겨 성숙한 성품이 생겨난다. 그래서 성품은 타고난 성격처럼 고정적이지 않다. 살아가면서 만들어가는 것으로 계속해서 변한다. 그러니 성격상 안 되는 것은 실상 없다. 변하기 싫다는 것이 더 맞겠다. 하지만 당신이 아무리 변하기 싫다고 외쳐대 봤자 당신은 오늘의 시행착오를 통해 새롭게 배우고 변해가게 되어 있다. 대인관계는 기술이기도 하고 감각이기도 하다. 결혼생활 역시 기술적으로, 감각적으로 슬기롭게 풀어나가야 한다.

현재 부부 사이든, 연인사이든, 우정도 마찬가지로, 살얼음판을 걷고 있을 수 있다. 전쟁을 방불할 만큼 지지고 볶던 어느 날 갑자기 사랑한다고 말할 용기가 있는 사람이 있을까? 미안하다고 말할 용기는? 살포시 안아 줄 용기는? 칭찬이나 감사할 용기는? 절대 할 수 없다고 생각하는 게 당연하다. 솔직히 나도 용기가 없다. 감히 엄두가 안 날 만큼 먼저 손을 내민다는 것은 쉽지 않다. 하지만 기왕 인연을 맺은 것, 사랑받고 싶다면 먼저 손 내미는 수밖에 없다.

아부는 입으로 하고
칭찬은 마음으로 하라고 했다.

제4장

니 자신을
알라

자기 자신을 잘 안다는 것

동화를 보면 착한 사람과 나쁜 사람의 정의는 대체로 정해져 있다. 착한 사람은 주로 사려 깊고, 배려심 많고, 긍정적이며, 사랑받는다. 나쁜 사람은 인색하고, 냉담하고, 차갑고, 탐욕스럽고, 부정적이며 사랑받지 못한다. 우리는 어린 시절 동화를 보며 나쁜 사람들이 어떻게 좋은 사람으로 변해 가는지, 혹은 그대로 살아서 어떤 벌을 받는지 주입받으며 자랐다. 그리고 '이렇게 살아야 한다.'라는 통상적인 믿음을 가지게 되었다.

그런 믿음 때문이었을까. 좀 더 젊은 시절에는 사려 깊은 사람을 보면 좋은 사람, 탐욕스러운 사람을 보면 나쁜 사람으로 단정 지어 버리기 일쑤였다. 하지만 나이가 들어감에 따라 사람은 원하건 원치 않건 변해가는 존재이고, 현재의 모습이 어떻든 결국 양면을 가지고 살아간다는 걸 알게 되었다. 빛과 그림자가 공존하듯, 사람에게도 밝은 면과 어두운 면이 항상 함께 있다. 그래서 때론 세상에 이렇게 바른 사람이 없다가도, 때론 왜 저러나 싶을 만큼 꼬인 채로 세상을 대하는 모습도 보게 된다.

모두에게는 당시 자신의 행동을 정당화할 만한 그럴싸한 각자의 사정이 있다. 상대방의 행동을 도저히 이해하지 못하는 사람에게도 상대방을 이해하지 못하는 이유가 있고, 이해받지 못하는 상대방 역시도 자신만의 이유로 나름의 행동을 한다. 우리가 서로를 이해하지 못하는 것은 사실 서로를 모르기 때문이다. 우리는 서로를 잘 모른다. 그리고 너무 오랜 시간 주입 받아온 믿음 때문에 자기 자신이 어떤 사람인지조차도 잘 모른다.

나 자신을 안다. 진짜 어려운 말이다. 실상 자신에게 가장 잘 어울리는 스타일조차도 모르는 사람이 태반이다. 거기에 우리는 시시때때로, 그리고 누구를 만나느냐에 따라 성격과 행동까지 달라진다. 때로 철저한 개인주의자가 되기도 하고, 때론 스스로 생각해도 배려의 아이콘으로 불려야 할 정도로 배려가 흘러넘치기도 한다. 어떻게 보면 이런 이중적인 사람이 없지만, 그저 그때그때의 상황에 각자가 '맞다, 낫다.'라고 생각하는 행동을 하며 살고 있다. 그래서 나름 어른이라고 느끼게 된 이후부터 옳다, 그르다는 그다지 중요하지 않게 되었다. 옳다, 그르다, 착한 사람, 나쁜 사람으로만 따지면 나는 주로 안 좋은 쪽이니까. 대부분 상황에서 이게 맞아서라기보다는 이게 더 낫다는 생각이 주로 작용하기에 더 그렇다.

결혼하고 가족을 꾸린 초반에 내가 이런 사람이었나 싶을 정도로 바뀌게 되었다. '낫다'보다는 '맞다'가 더 중요하게 여겨졌다. 그렇게 세상이 정해 둔 모든 규칙과 예의란 예의는 다 지키고 싶어졌다. 아내보다 엄마가 되고 나니 모범이라고 규율된 것들을 더 지키고 싶었던 것 같다. 그렇게 자신을 억누르다 보니 자주 못마땅해하고 억울해졌다.

자기 자신을 잘 안다는 것보다는 어떻게 살아야 스스로 만족할지 정도만 알아도 괜찮다. 그게 세상의 잣대에 맞지 않을 수도 있다. 물론 세상의 잣대에 굳이 맞출 필요는 없다. 자신의 가치관 자체가 수시로 바뀌고 왔다 갔다 하는 판국에 세상의 잣대까지 맞추고 살라고 한다면…. 과부하가 올 것이 분명하다.

　나는 여전히 나를 잘 모른다. 다만 나를 아끼고 '누구누구의 누구'가 아닌 나로 있을 때 만족스럽더라는 것만 알 뿐이다. 앞으로 어떤 모습으로 변해갈지 모른다. 어쩌면 세상의 잣대에 몸을 맡기고 세상 착한 척, 바른 척, 배려와 희생의 아이콘인 척 굴수도 있다. 하지만 이대로 계속 살아가건, 또 다른 모습으로 변해가건, 내 중심에는 내가 있어야 한다는 것만큼은 잊지 않고 기억하고 또 기억할 것이다. 나는 죽고 난 후에 꼭 이렇게 기억되고 싶거든. '그녀는 내내 제멋대로에 천방지축이었지만, 자기 자신을 사랑하며 인생을 즐길 줄 아는 행복한 사람이었습니다.'

자기 자신을 잘 안다는 것보다는
어떻게 살아야 스스로 만족할지 정도만
알아도 괜찮다.

외로움

매년 돌아오는 크리스마스가 또 왔다. 결혼 전에는 크리스마스가 되면 짧게라도 어디든 여행을 다녔다. 예전을 떠올려보면 무슨 날에 혼자인 걸 잘 견디지 못했다. 날, 날, 날, 뭔 날이 그렇게 많은지…. 덕분에 무슨 날이면 아무나와 여행을 떠나길 반복했다. 아쉽게도 여행을 다녀와도 그 무언가는 채워지지 않았다.

그런데 결혼 후 바뀌었다. 어느새 아무것도 하지 않아도, 어딘가 특별한 곳으로 떠나지 않아도 좋다. 내 옆에는 이제 사랑하는 내 가족, 마음을 기댈 남편과 아이가 함께다. 물론 가족이나 누군가가 나의 외로움을 완벽하게 달래주진 못한다. 하지만 없는 것보다는 있는 게 훨씬 낫다.

크리스마스이브 날, 일이 많아서 딸아이 몰래 사두기로 했었던 선물을 사지 못했다. 남편이 아이를 재우는 동안 홀로 대형마트로 차를 몰았다. 선물을 사고 돌아오는 차 안에서 라디오를 듣는데, 라디오 DJ가 현대인의 질병의 원인 중 가장 큰 원인이 바로 외로움이라고 했다. 담배 15개비보다 외로움이 더 건강에 나쁘다는 비유를 하는데 한때 골초였던 터라 뼛속까지 와 닿았다. 예쁜 옷, 명품 가방, 외제 차, 좋은 집…. 우리는 주로 손에 잡히는 것들에 더 신경을 쏟지만, 인생에 있어 중요하게 보살펴야 하는 것은 많이도 놓쳐버린다.

외로움도 그중의 하나다. 아니, 어쩌면 가장 중요한 하나다. 스트레스는 해소법이라는 단어가 익숙하고 케어 하지 못하면 가까이하기엔 너무 불편한 당신이 될 뿐이지만 외로움을 방치하면 언젠가 자기 자신을 죽이고 만다. 한때 자살 시도를 한 적이 있다. 꽤 가깝다고 생각하는 지인들이 언제나 옆에 있었고 경제적으로도 어느 정도 넉넉할 때였다. 나 자신도 이유를 명확하게 파악하지 못한 채 삶을 포기하고자 했다. 물론, 어설픈 나의 자살 시도는 실패했다. 어쩌면 정말 죽고 싶지는 않아서 어설픈 시도를 한 것인지도 모른다. 아이러니하게도 그 자살 시도로 인해 절대 죽고 싶지 않음을 깨달았다. 나는 그저 외로웠을 뿐임을 인정하기로 했다. 그리고 혼자인 시간을 잘 보낼 방법을 찾으려 노력했다.

크리스마스 당일 아침 딸아이는 트리 밑에 놓인 선물을 보고 진심으로 기뻐했다. 남편에게도 조그마한 선물을 했다. 비싼 건 아니었지만 남편도 좋아했다. 크리스마스라고 특별하게 어딘가를 가진 않았다. 주말과 마찬가지로 느긋한 시간을 보냈다. 어딘가로 굳이 여행을 가지 않더라도 이 정도만 보내도 이젠 만족스럽다. 나는 이제 내가 길들여지고, 또 나에게 길든 내 가족의 품 안에서 외로움을 달래고, 가족의 외로움 또한 책임지고 있다.

물론 당분간일 수 있다. 가족이 되었든, 친구가 되었든, 동료가 되었든, 반려동물이 되었든 누군가가 나의 외로움을 잠시는 위로해 줄 수 있다. 하지만 모두 잠시일 뿐이다. 살면서 다들 느껴봤을 테다. 혼자일 때보다 누군가와 함께이면서 더 외로울 때가 있다. 외로움을 자꾸만 타인이나 무언가에 기대어 해결하려고 하다 보면 스스로만 더 힘들어질 뿐이다.

외로움을 어찌 견뎌내야 할까? 확실히 바쁘면 또 잊게 된다.

하지만 사람이 24시간 바쁠 수는 없다. 쉴 때도 무언가를 해본다. 독서나 산책, 식물을 돌보는 등 취미도 가져본다. 나름 한다고 하지만, 여전히 순간순간 외로움이 파고들 때가 있다. 내가 내린 결론은 외로움만큼은 해소는커녕 잘 견뎌내는 법 자체가 없다는 사실이다. 견디지도 이기고자 하지도 마라. 그냥 있는 그대로 받아들이고 평생의 동반자로 여기는 편이 낫다.

외로움 그 자체를 당연하게 받아들이고
의연해지는 것이 최선의 방안이다.

첫인상

가끔 목적 없이 산책을 즐길 때가 있다. 아무 생각 없이 걷다 보면 목적지만 향해 앞만 보고 걸을 때보다는 더 많은 것을 보게 된다. 남편은 목적지만 향해 최단 거리를 걸으면서도 매의 눈으로 온갖 것을 다 본다지만 나는 매의 눈도, 매의 방향 감각도 없다. 주로 보고 싶은 것만 보며 걷는 부류기 때문에 주위를 찬찬히 살피지 못하는 편이다. 그래서 아무 목적 없이 걸을 때 더 많은 것을 본다.

얼마 전, 아침거리로 빵을 사 오는 길에 주차요원 아저씨들이 험상궂은 표정으로 차에서 내리는 걸 보았다. 이래 봬도 20년 무사고 운전자다. 그런데 간혹 불법주차로 딱지를 끊을 때가 있다. 그래서 주차요원분들만 보면 괜히 쫀다. 그날은 차도 안 가지고 나왔는데 눈치를 보고, 두리번거리고, 심장이 떨렸다. 역시 죄짓고 못사는 게 맞다. 눈치를 보면서도 주차요원분들을 10여 분쯤 따라다녔다. 내가 신경 쓰는 건 언제나 차 유리창에 펄럭펄럭 붙은 딱지였던 관계로, 그분들을 유심히 본 건 처음이었다. "차 빼세요, 차 빼세요! 여기는 주차구역이 아닙니다!" 그분들은 화난 듯한 말투에 눈빛까지 험상궂었다. 덕분에 덩치가 꽤 큰 남자들도 고분고분 말을 따르는 듯했다. '그래! 저 정도 얼굴에, 덩치에, 목소리에, 쪼이면 데일 것 같은 레이저 정도 쏠 줄 알아야 사람들이 그나마 말을 듣겠지!'

그날은 지나가는 사람들을 유심히 보게 되었다. 잰걸음을 걸으며 인상을 잔뜩 찌푸리고 있는 사람들, 지나갈 때면 언제나 반갑게 인사를 건네는 365일 밝은 표정과 경쾌한 목소리의 채소가게 아줌마, 아침부터 커피숍 창가 자리를 차지하고는 A4용지를 사이에 둔 채 뭔가 엄청난 상의를 하는 듯 보이는 눈이 초롱초롱한 처녀들, 이 동네에 저런 패션 감각을 가진 사람이 있나 의아할 정도로 멋지게 차려입은 아줌마의 아이러니하게도 삶에 찌들어 보이는 얼굴까지…. 그날은 유달리 사람들의 표정이 눈에 들어왔다.

의식적으로든 무의식적으로든 지금 그들이 짓고 있는 표정이 그들의 삶을 대변한다. 그리고 그 표정이란 놈은 전염성이 강해 본인이 무의식적으로 짓고 있을 뿐인데도 상대방에게 전염시키기도 잘한다. 잠시 기분만 전염되는 게 아니라 그들에 대한 선입견까지 생겨버린다.

사람들은 한 번씩 내게 말을 잘 못 걸겠다고 말한다. 새침해 보여서, 때론 세 보여서라는 말을 듣는다. 나는 동안에 동글동글 유하게 생긴 얼굴이다. 자칫 만만해 보일 정도로 유한 외모를 가졌다. 유하게 생긴 덕에 겪은 고초들이 많은 관계로 나름 센 분위기를 연출한다는 것이 어느새 새침하다거나 까칠해 보인다는 말을 들을 정도로 표정도 말투도 변해 버렸다. 물론 한번 말을 터보면 첫인상과는 전혀 다른 반푼이인 걸 알게 된다. 하지만 나름의 노력으로 만들어진 지금의 내 인상은 처음 만나는 누군가에게 분명 어려운 사람인 듯하다. 이것만큼은 내 의견보다는 타인의 의견이 더욱 정확하니 결국은 나도 365일 표정을 관리해야 하는 처지다.

문득 쇼윈도에 비치는 나를 보았다. 주위를 유심히 보느라 그랬는지 눈만 초롱초롱했다. 미소도 보태 보았다. 한층 생기발랄해 보였다. 미친년도 아니고 걸어 다니는 내내 미소를 머금고 다닐 순 없지만, 눈빛만이라도 생기발랄하게 유지하자는 생각이 들었다.

누군가는 지금 나의 눈빛과 표정만 보고 선입관을 가지게 된다. 내가 어떻게 살아왔는지, 어떤 생각을 하고 있는가가 의도치 않게 드러나고 있다. 흐리멍덩한 눈빛과 뚱한 표정의 사람을 괜찮은 사람이라고 생각하는 사람이 몇이나 있을까? 활기차거나 밝은 표정의 사람에게 더 호감을 느끼게 되는 것이 인지상정이다. 첫인상과 상관없이 만나보면 내가 진국인 걸 알게 될 거라고? 무슨 개똥 같은 소리! 비호감을 호감으로 바꾸는 데 투자할 에너지로 그냥 지금 표정을 바꾸는 게 백번 낫다. 그러니 길 가다 한 번씩 쇼윈도에 비치고 있는 자신의 표정을 점검해 볼 필요가 있다. 지금 무의식적으로 짓고 있는 표정은 어쩌면 자신이 생각하고 있는 모습이 아닐지도 모른다. 하지만 괜찮다.

지금 표정이나 눈빛이, 목소리가 어떻건
외적인 모습만큼은 내가 노력하면 얼마든지
만들어 낼 수 있다.

혼자만의 시간

주말 아침 이른 새벽에 일어나 부스스한 머리 그대로 귀신처럼 서재로 들어왔다. 정신이 차려지지 않아 한동안 멍을 때렸다. 새벽이 주는 차분하고 고요한 기운은 생각 없이 멍을 때리기에 더없이 좋다. 물론 이른 새벽에만 이런 차분한 기운을 느끼는 건 아니다. 개인적으로 완벽하게 고요하면서 혼자인 시간을 좋아한다. 평소엔 남편이 출근하고, 아이가 등원하고 난 후가 혼자만의 시간이다. 하지만 코로나 시국이다 보니 요즘은 주로 나만의 시간이 새벽이 되었다. 아침형 인간보단 오히려 올빼미형 인간에 가깝지만 이른 새벽이건 깊은 새벽이건 이런 시간을 가질 수 있다는 것 자체가 그냥 좋다. 아무것도 안 해도 되고 아무거나 해도 되는 나만의 시간.

어제는 아이를 데리고 남편의 회사 앞으로 저녁을 먹으러 나갔다. 평일 저녁엔 되도록 집밥을 먹고 싶어 하는 남편이었지만, 금요일이기도 하고 외식한 지도 꽤 되어서 무작정 아이를 데리고 나갔다. 티브이에 나왔다는 유명한 양고기 집에 갔다. 생각해보니 직장을 다닐 때 퇴근 후 회사 사람들과 자주 다녔었다. 하지만 남편과는 처음이었다. 아무래도 양고기를 먹을 땐 술자리일 때가 많다 보니 각자 직장 동료들과 어울려 가는 경우가 많았다. 아이도 물론 처음 데리고 갔다.

남편은 외식을 좋아하지 않는다. 평일에 나가는 것도 귀찮아한다. 가끔 자신의 지인들과 술자리를 갖는 것을 제외하면 거의 집밥을 먹는다. 주말에는 대부분 직장인이 그렇듯 쉬고 싶어 한다. 딸아이도 우리의 외식을 자제하게 되는 이유 중 하나였다. 딸아이는 유난히 입이 짧다. 그리고 술자리에 아이를 동반하는 것을 자제한다. 고로 평일엔 집밥을 주로 먹고, 주말엔 되도록 집에서 쉴 수 있는 시간을 가지는 것이 우리 부부의 암묵적인 약속이나 마찬가지였다. 정확히 난 약속한 적이 없는데 언제부터 이렇게 산 건지….

서로에 대한 배려가 편견이 되어 버린 걸까. 당연하게 새겨진

나의, 우리의 편견으로 인해 어느새 맥주 한잔 함께 하는 것이 특별한 일이 되어 버린 우리였다.

　어제는 금요일이라 차가 막힐 것을 생각해 전철을 타고 갔다. 덕분에 오랜만에 맥주도 한 병 나눠 마셨다. 괜찮은 분위기의 카페에 들려 커피도 한 잔 마셨다. 근처에 저자 강연 중이던 북 카페에도 들렸다. 잠시 강연을 훔쳐보고 있었는데 문득 뒤를 돌아보니 남편이 느긋하게 책을 뒤적이는 모습이 보였다. 이제 외모는 살짝 늙었지만, 처음 연애하던 때의 남편 모습이 겹쳐졌다. 아, 저런 모습의 사람이었더랬다! 저 모습에 반했더랬다!
　집으로 돌아오는 길에 남편이 시인이라도 하듯 이직해서 좋다고 말했다. 요즘 뭔가 마음이 여유롭고 풍요롭단다. 전에 다니던 회사에선 끝없는 일에 치여 쌈닭으로 지내는 것도 모자라 아이가 어리다 보니 집에 와서까지도 전쟁이었다. 자연히 여유란 단어를 머릿속에 떠올려 본 적이 없었을 테다. 하지만 이제 아이도 말이 통할 정도로 컸고, 이직한 후론 일도 여유롭다고⋯. 덕분에 가끔 서점에 들러 책을 보기도 하고, HOT 하다는 카페에 들려 젊은 분위기도 느껴 본다고 한다. 요즘이 참 좋다고 고해성사라도 하듯 말하는 남편을 보니 여유를 찾아 다행이다 싶으면서도 살짝 질투도 났다. '나는 온종일 애랑 씨름하고 있는데, 당신 혼자 그런 소중한 시간을 누리다니!' 질투가 나긴 했지만 이내 미안하고 다행스러운 마음이 커졌다. 남편은 삶에 치여 내내 살얼음 위를 걷는 사람처럼 날카로울 때가 많았다. 그러고 보니 요즘 많이 부드러워진 것도 같다.

나는 어떨까? 딸아이는 고작 5살이 되었지만, 이제 정말 말이 잘 통할 정도로 컸다. 남편이 이직한 지 이제 반년 정도 되었고, 나도 내 시간을 가진 지 어느덧 반년이 지났다. 전쟁과도 같았던 긴장된 생활에서 벗어나 어느새 각자의 여유를 찾아가고 있다.

남자는 남자라는 이유로, 여자는 여자라는 이유로 우리는 당연한 듯이 의무감과 책임감에 속박되어 스스로를 때론 서로를 채찍질하고 만다. 내가 그랬듯이 남편도 그랬을 거다. 남편의 보잘것없는 짧은 시간을 질투하지 않고, 다행이라고, 감사하기로 했다.

문득 후회가 밀려왔다. 배려의 탈을 쓴 나의 편견이 혹시 그를 더 외롭게 한 건 아닐까? 일보다도 가족이 더 남편의 숨통을 옥죄이고 있었던 건 아닐까? 그에게 잠시라도 자기만의 시간이 필요하다고 왜 생각하지 못했을까?

남편은 자타공인 공처가이자 애처가다. 남편은 남편대로 언제나 최선을 다했다. 항상 곁에 있어 주는 남편이 고맙기보다는 당연시했던 날들이 많았던 게 사실이다. 그렇게 어느새 서로가 당연시했던 것들로 나 역시도 얼마나 숨 쉴 구멍을 원했던가! 어쩌면 내 숨구멍을 찾는데 바빠 그의 숨구멍이 막혀가는 걸 보고도 모른 체해버린 것인지도 모른다. 잠시, 아주 잠시라도 오롯이 자신만의 시간을 갖는 것이 뭐라고, 우리는 자주 서로를 옭매지 못해 안달하고 만다. 나도 남편도 숨이 완전히 막히기 전에 숨 쉴 구멍을 찾게 된 것에 감사하다.

비록 짧고 사소한 여유지만, 오롯한 나만의 시간을 보냄으로써 우리의 삶은 여유로워진다.

질문하지 않는 순간

아이를 키우다 보니 정말 다양한 질문을 마주하게 된다. 아이는 궁금한 것투성이다. 보이고, 들리고, 만져지고, 느껴지는 모든 사물과 현상에 대해 질문한다. 말 그대로 하루하루가 태어나서 처음인 것투성이니 자연히 궁금할 수밖에 없다.

"이게 뭐예요? 왜 그런 거예요?" 아이가 말을 시작하면서 나는 당황스러울 때가 많아졌다. 이제 내게는 왜 그런지와 상관없이 당연하게 여겨지는 것들을 말로 풀어 설명해줘야 하기 때문이다.

"엄마, 이게 뭐예요?"

"낙엽이야."

"낙엽이 뭐예요?"

"낙엽은 가을이 되면 나무에서 떨어지는 거야."

"왜요? 가을에 왜 떨어져요?"

"가을이 가고 추운 겨울이 오면 나무들은 영양분이 부족해져."

"왜요?"

"나무들이 추운 겨울 동안 부족해질 영양분을 보호하기 위해 영양분을 보내줘야 하는 파란 잎사귀들을 떨어뜨리는 거야."

"왜요?"

"자연스럽게 떨어지기도 하고, 겨울이 되기 전에 길가에 있는 나무들은 사람들이 일부러 가지를 쳐서 나무들이 겨울을 잘 보낼 수 있게 해주기도 해."

"왜요?"

쓰다 보니 겨울왕국의 올라프가 떠오른다. 아이에게는 설명 속에 들어 있는 모든 단어까지 부연 설명을 해주고 또 해줘야 한다. 끓어오르는 화를 삭이며 설명해야 할 정도니 참을 인은 엄마가 갖춰야 할 자질 중의 자질이 아닐까 한다. 한 가지 사물이나, 현상을 가지고 시작된 아이의 꼬리에 꼬리를 무는 질문에 끝까지 답을 한다는 건 쉬운 일이 아니다. 그래도 최선을 다해 답을 해내기 위해 노력한다. 아이가 나 말고 누구에게 이렇게 스스럼없이 질문할 것인가! 아이에게는 가장 가까운 친구이자 모든 것을 알고 있을 것 같은 어른인 사람이 엄마밖에 없다.

아이가 최소한 스스로 찾아 읽고 배울 수 있는 능력을 갖추는 날이 하루빨리 오길 바라지만, 그날은 아직 멀었다. 당분간은 아이에게 설명해 주기 위해서라도 당연시했던 것들을 다시 공부하는 수밖에 없다. 문득 대치동 돼지엄마들이 자녀교육을 위해 고시 공부까지 불사한다는 게 이해되었다. 가르치기 위해선 본인이 먼저 알아야 하니까.

다행이라 생각해야 할지 안타까워해야 할지는 그때 가봐야 알게 되겠지만, 언젠가 아이도 가을이 되면 원래 낙엽이 지는 거라고 결과만 떠올리는 날이 올 테다. 더는 원인이나 이유를 묻지 않는 날이 올 것이다. 그렇게 많은 것들에 이유를 묻지 않는 순간이 우리 모두에게 온다. 나이가 들수록 당연한 게 셀 수 없이 많아진다. 당연한 게 많아진다는 건 좋은 일은 아니다. 생각의 틀에 갇혀버리는 것과 같으니까 말이다.

살면서 우리는 이미 이유를 알고 있는 것들과 모든 것이 처음인 것들을 만나게 된다. 우리가 알고 있는 것이 얼마만큼이든 한 개인이 세상의 모든 것들을 다 알 수는 없다. 변하지 않는 것들도 수천, 수십만 가지가 넘고, 시대의 변화에 따라 변해가는 것들 역시 셀 수 없다. 결과가 일어나기까지 원인을, 과정을 궁금해하지 않고, 그저 결과만 받아들이기에도 벅찬 것들이 넘쳐난다.

  세상의 모든 현상과 이치들을 다 알 수는 없다고 해도, 최소한 나와 직접적인 관련이 있는 것들은 수시로 질문하고 답을 찾는 노력을 기울여야 한다. 왜 그래야 하냐고? 간단하다.

**아는 맛만 찾다간 편식하기 마련이고,
알맹이가 뭔지도 모르고 먹다간
골로 가는 법이다.**

라이프 디렉터

한동안 내가 다녔던 컨설팅 회사에는 다양한 사람들이 일했다. 20대 사회 초년생부터 60대 전문 인력들까지, 다양한 연령대의 다양한 경험을 가진 이들이 일하다 보니 들어오는 이력서도 천양지차였다. 한 번은 뇌리에 꽂히는 이력서가 있었다.

> "저는 제 삶의 라이프 디렉터입니다. 아름다운 것을 좋아하고, 힐링을 즐기며, 즐길 때와 집중할 때를 알고, 주어진 일을 기쁘게 해내려 합니다. 적재적소에 감각적으로 움직이는 센스쟁이가 되어 모든 이들이 나를 따를 수밖에 없도록 더 나은 창조자가 되기 위해 제 남은 시간과 열정을 쓰도록 하겠습니다."

50대 중반의 지원자는 남다른 학력도, 경력도 없었다. 하지만 자기소개서의 짧은 몇 줄로 취업에 성공했다. 그리고 나는 이 말을 달달 외울 정도로 그의 이력서를 자주 꺼내 보곤 했다. 자기 자신을 잘 파악하고 당당하게 자신의 비전까지 몇 마디로 녹여 낼 줄 아는 그는 얼마나 멋진 사람인가! 그에게 남다른 학력이나 경력이 없다 해도 그는 이미 삶을 대하는 자세가 멋진 사람이었다. 잘생긴 건 아니었지만 첫인상도 진국이었다. 이런 사람이 자신에게 주어진 일을 못 해낼 이유가 없었기에 나는 자신 있게 그를 뽑았다. 그는 예상대로였다.

대부분의 사람이 상대방의 첫인상을 통해 그 사람의 많은 부분을 판단하곤 한다. 나 역시도 마찬가지다. 첫인상은 중요하다. 컨설팅은 사람을 많이 상대하는 직업이다 보니 컨설턴트 본인 역시 첫인상만으로 고객에게 신뢰를 주어야 한다. 첫인상에서 진심을 전달할 수 있는 그라면 이 회사가 아니어도 어디서든 높은 가산점을 받았을 것이다. 그가 써낸 자기소개서와 첫인상 플러스, 그는 일에서도 만족스러운 모습을 보여줬다.

사람이 첫인상도 중요하지만, 그 사람의 진짜 가치는 시간이 말해준다. 일적인 능력은 차차 쌓아 가면 된다. 누구나 초보 시절을 겪는다. 그 과정 동안 더욱 필요한 건 인간관계의 기술이다. 관계의 기술! 괜히 기술이란 글자가 붙어 있는 게 아니다. 그를 예로 들면 모르는 것은 솔직하게 인정하고, 배우기 위해서라면 나이 어린 사람에게도 자신을 낮출 줄 알고, 아는 것은 거리낌 없이 나누고자 노력했다. 일적인 부분은 초보였지만 모두가 그를 좋아하고 존중했다. 그저 일만 잘해서도, 사람만 좋아서도 될 일이 아니다. 사실 일의 기술이 아니라 인간관계의 기술을 쌓기 위해 우리는 우리의 모든 시간을 투자하는 것이라고 해도 과언이 아니다.

누군가는 그의 나이 때문에 "에이~ 나이가 있으니….".라고 얘기할 수도 있다. 그런데 과연 나이를 먹는 만큼의 관계 기술을 가지게 될까? 나이를 먹는다고 자신을 낮출 때와, 높일 때를 구별하게 될까? 나이를 먹는다고 즐길 때와 집중할 때를 자연스럽게 알게 될까? 나이를 먹는다고 적재적소에 감각적으로 대응할 수 있는 감각이 생길까? 특히나 자신의 인생의 창조자가 자기 자신이라는 것을 인식하고 사는 사람이 몇 명이나 될까? 실제로 만나 보면 융통성을 잃고 독선과 자기기만에 빠진 늙은 어른들이 더 많다.

컨설팅 회사에는 인간 심리에 도통하고 상황 대처 능력은 물론이요, 센스까지 뛰어난 사람들이 많다. 컨설팅도 한마디로 영업이다. 사람들은 영업이라고 하면 일단 거부감부터 느끼지만 우리 삶 자체가 바로 영업인 건 망각한다. 인간관계의 기술 = 영업적 능력은 두루두루 갖출수록 원하는 삶을 살 수 있게 된다.

어떻게 해야 멋진 라이프 디렉터가 되어 살아갈 수 있을까? 과거, 현재, 미래 모두 내 삶의 주인은 나지만, 그걸 아는 사람도, 그렇게 사는 사람도 드물다. 내 삶을 내 맘대로 가지고 놀 줄 아는 것. 멋진 건 언제나 거저 되기는 힘든 듯하다.

언젠가 나도 할머니가 될 것이다. 어차피 할머니가 될 바에는 내가 봐도 나이스한 할머니가 되고 싶다. 삶을 가지고 저글링 하는 멋진 할머니! 생각만 해도 기분 좋다. 때때로 '내 삶의 주인이 되는 게 뭐가 중요해? 그냥 대충 살다 죽으면 안 되나?' 뭐 이런 안일한 생각이 들 때도 있지만, 이내 나를 다시 채근하게 만드는 것은 사람들이다. 그렇게 닮고 싶지 않은 누군가나, 되고 싶은 누군가를 만나 좀 더 나은 나를 꿈꾸게 된다. 수고스럽더라도 누가 봐도 나이스한 할머니가 되어 보려 한다.

나는 내 삶을

보다 멋지게 만들어 낼 책임이 있다.

제5장

기대는 긍정적으로,
대비는 현실적으로

프로 용기러

어느 날 아는 분이 용기가 무슨 뜻인지 아느냐고 물었다. 뜬금없이 질문을 받으니 "용기가 용기죠…."라는 허접한 대답이 나왔다. 갑자기 나의 비천한 지식이 부끄러워졌다. 집으로 돌아오자마자 사전부터 찾아보았다.

용기
1. 勇氣 (날랠 용, 기운 기) 씩씩하고 굳센 기운 또는 사물을 겁내지 아니하는 기개.
2. 湧起 (솟을 용, 일어날 기) 물이 솟아오른다.

우리가 흔히 용기라는 단어를 쓸 때는 씩씩하고 굳센 기운이라는 의미로 사용한다. 기존에 알고 있던 의미도 좋지만 새롭게 알게 된 용기의 의미가 제대로 가슴을 쳤다. 마치 물이 솟아오르듯 기운이 뻗쳐 나오는 것이라니! 물이 솟아오르듯이 용기가 철철 솟아나면 얼마나 좋을까만, 요즘 용기에 관해 나오는 책들만 봐도 우리가 얼마나 시시콜콜한 용기를 내는 데에도 힘들어하는지 알 수 있다.

《미움받을 용기》,《벌거벗을 용기》,《진정한 나로 살아갈 용기》,《가르칠 수 있는 용기》,《포기하는 용기》,《책임지는 용기》,《이혼할 용기》,《상처받을 용기》,《삐딱할 용기》,《버텨내는 용기》,《거절당할 용기》,《버릴 줄 아는 용기》,《늙어갈 용기》,《행복해질 용기》,《1그램의 용기》 등등 1분도 채 안 걸리는 시간에 찾아낸 용기에 관한 책들이 수십 권이다. 물이 솟아오르듯 철철 넘쳐야 하는 용기를, 고작 1g 내는 것도 힘들어서 도움의 손길을 내밀고 마는 것이 우리의 현실이다.

나 역시도 시기적절하게 용기를 끄집어낸다는 것이 쉽지만은 않다. 성향이고 자존감이고 다 떠나서, 우리는 이미 용기를 어마어마하게 가지고 있는 사람이란 사실부터 깨달아야 한다. 단지 세상에 주눅 들고, 아직은 스킬마저 부족해 상황에 맞는 용기를 내지 못하고 있을 뿐이다. 저 수많은 용기에 관한 책들의 가장 큰 핵심은 바로, 마음먹기 달렸다는 것이다. 없는 것을 만들라는 것이 아니고, 이미 가지고 있는 것을 끄집어내기만 하면 되는 문제다.

물론, 아마추어 쌩 초자가 프로 용기러가 되는 길은 어렵고 힘든 것이 당연하다.

용기 있는 사람들을 보면 대체로 자존감이 높은 경향이 있다. 그래서 자주 '용기 = 자존감'이라는 공식이 성립되기도 한다. 생각해 보면 당연한 공식이다. 자기 생각을 존중하고 주장할 줄 아는 것이 자존감의 표출이다.

얼마 전 모 강연 프로를 보는데, 강연가의 질문에 손을 번쩍번쩍 드는 객원들을 보았다. 먼저 손을 들어 질문을 던지기도 하고, 강연가의 질문에 스스럼없이 제 생각을 얘기하는 것을 보면서 참 대단하다는 생각이 들었다. 강연하는 젊은 사업가가 이제 갓 20대 초반이라는 것도 인상적이었다. 그는 전혀 전문적이지도 않았고, 수려한 문구를 쓰지도 않았다. 객원들의 질문에 자주 뜸을 들였지만 제 생각을 잘 표현하고자 애쓰는 모습이 참 멋지게 느껴졌다.

자신의 기분이나 생각을 소중히 여기며 표현할 줄 아는 용기.

바로 진정한 용기다.

나름 자기 생각을 표현했는데 돌아오는 건 핀잔인 경우도 있다.
어렵게 낸 용기가 좌절감을 가져오는 순간이 있다. 이런 상황이
반복되다 보면 주눅 들어 눈치만 보게 되고 어느새 입에 자물쇠
가 채워지는 부작용이 생긴다. 하지만 언제까지 입을 다물고 할
말을 삼키기만 할 것인가? 질책을 받더라도 말로 뱉어봐야 한다.
자꾸 말로 뱉어봐야 경우의 수가 생기고, 어느 날엔가는 분명 내
말에 고개를 주억거리는 이들이 늘어날 것이다.

경우의 수를 높이려면 상대방의 기분과 생각을 관찰할 필요가
있다. 나만의 관점이 아닌 상대방이 처한 최소한의 관점(그는 어
디 어디 직장인, 누군가의 아빠, 누군가의 아들, 누군가의 형제,
누군가의 누구다) 정도는 인지하며, 적절한 배려를 담은 목소리
를 낸다면 보다 나은 결과를 끌어낼 수 있다.

개인적으로 T. P. O 참 중시한다. 시간, 장소, 상황을 고려해
서 옷을 입으라고 나온 말이지만, 용기에도 찰떡같이 적용해 볼
수 있다. 우리의 모든 행동에는 각 대상에 맞고, 각 상황에 맞는
시기적절한 용기가 필요하다. 적재적소에 내어야 할 용기를 시기

적절하게 잘 내는 감각, 그것은 하루아침에 가질 수 있는 게 아니다. 그러니 작은 한 걸음을 내디딜 때도, 소신 있는 목소리를 낼 때도 언제 어디서나 상황을 아우르는 연습을 하는 것이 좋다.

**작은 성취감들이 쌓여야
프로 용기러가 된다.**

속도 vs 방향

아이 밥을 먹이게 될 때면 나도 모르게 나오는 말이 있다. "빨리 먹어, 제대로 꼭꼭 씹어 먹어!" 내가 하는 말이지만 도대체 이게 무슨 말인가? 밥을 제대로 꼭꼭 씹어 먹는데 어찌 빨리 먹을 수 있나! 그런데 이건 나 같은 엄마들만이 하는 이야기는 아니다. 우리는 모두 습관적으로 누군가에게 더욱더 빠르게, 그리고 똑소리 나는 결과물을 기대한다. 보통 자신은 그렇게 할 수 있지만, 타인이 그만큼 못해낼 때 답답해하며 질책하기 마련이다. 물론 아닌 경우도 더러 있다.

처음부터 속도와 정확도를 완벽하게 가진 사람은 없다. 대부분은 한 가지만 잘하기도 어렵다. 속도가 빠른 사람들은 늘 실수가 있기 마련이고, 꼼꼼한 사람들은 주로 느리다. 어떤 일이 숙련되면 빠르면서 정확한 결과물을 낸다. 숙련도가 남다른 사람들은 그만큼 스스로 능력을 쌓는 데 투자를 많이 한 사람들이다. 숙련도를 쌓게 되기까지는 노력이라는 단어 한마디로 표현하기 힘들 정도의 다사다난한 역경과 고난의 시간이 필요하다.

특히나 어린아이와 마찬가지인 인생 신참들이 처음부터 속도와 정확도를 둘 다 가지기란 힘들다. 속도가 되었든 정확도가 되었든 한 걸음씩 쌓아가야 가지게 된다. 한꺼번에 모두 다 추구할 수 있다면 좋겠지만, 맘먹은 것처럼 쉽지 않다. 실상 둘 중의 하나만 선택해서 노력을 보태도 얻을까 말까다.

속도나 정확도는 계속 노력하다 보면 언젠가 시간이 해결해 준다. 나이 40을 넘기니 이제는 노력과 시간이 어느 정도 해결해 주는 문제에 대해서는 고민하지 않게 되었다. 자신에게든 타인에게든 그런 것으로 질책하지도 않게 되었다. 아이에게 밥 먹이면서 나도 모르게 말하고선 뭔 개똥 같은 소리를 하고 있나 싶을 정도다.

속도나 정확도보다 더 중요하게 생각하게 되는 것이 있다면 바로 방향성이다. 내가 제대로 가고 있는 것인가! 결국, 나이가 들어서도 더 연연하게 되는 것은 빨리 가는 것보다 제대로 가는 것이다.

괴테 씨는 "인생은 속도가 아니라 방향이다."라고 말했다.

만약 아끼는 이가 어느 것부터 노력을 집중해야 할지 조언을 구한다면, 나 역시 속도보다는 방향을 조언하고 싶다. 물론 스스로 가야 할 길을 제대로 인지하고 있다면 빨리 가는 것도 나쁘지 않다. 하지만 지름길을 안다고 해서 빨리 가려고만 한다면 기본기 부족으로 길게 갈 수 없는 단점이 있다. 기본에 충실하라는 말을 허투루 들으면 단명(短命)하는 지름길이다.

속도보다는 방향에 더 집중하라는 글들은 많다. 하지만 어떤 방향이 제대로 된 방향인지에 대한 해답은 알려주지 않는다. 왜냐? 애초에 천편일률적으로 적용할 수 있는 답이 없기 때문이다. 그러니 이 방향이 제대로 된 방향이라고 단정 지을 수도 없고, 자연히 잘못된 방향도 없다. 제대로 된 방향은 각자가 다른 법이니 때로 남들이 보기에 잘못된 듯 보이는 방향도 괜찮다. 그저 다양한 길들을 걸으며 자신의 방향을 터득해 가는 것이 가장 옳은 답이겠다. 결국 목적지가 같던, 생판 다른 길이던 방향을 정하고 일단은 걸어가 보는 수밖에 없다. 단, 이전에 잘못된 길을 걸은 것에 대해 얽매이지 않고, 시간을 가지고 유연하게 사고하면서 말이다.

김동렬 작가의 《세상은 마이너스다》를 보면 멋지게 정리되어 있다. "인생의 근본적인 방향성에 대한 감각만 얻어도 반은 성공이다. 어느 방향으로 갈지 정했다면, 우리가 가만히 있어도 그 다음은 굴러간다. 끊임없이 자신을 채근하며 채우려 하는 것이 아닌, 편안하게 비워내는 시간을 가지는 것만으로도 자연스럽게 에너지가 다시 투입되고, 상호작용이 일어난다. 우리는 그 흐름에 올라타기만 하면 된다."

인생 초년생이 방향을 정할 때, 경험과 데이터가 없는 상황에서 자신을 채근하지 않는 것은 힘들다. 특히나 족집게 스승은커녕 평범한 선배조차 없다면 어떨까? 혼자 판단하고 가다 새로 시작하는 수고를 피할 수 없게 된다. 물론 그 수고는 결국 선물이 된다. 역경과 고난이야말로 우리의 소중한 경험과 데이터다. 이를 바탕으로 인생의 근본적인 방향성에 대한 감각을 키워나갈 수 있다. 그렇게 책에서 배운 지식과 인생이라는 교과서를 통해 배운 모든 배움이, 더 나은 방향을 제시해 주기 마련이다.

속도나 정확도와 마찬가지로 방향성을 찾는데도 어려워하거나, 조급해할 필요는 없다. 그저 단순하게 받아들이도록 하자. 반복적으로 새롭게 시작하고, 잘못된 점은 반성하고, 좋은 점은 깨닫다 보면 언젠가 나만의 경험과 데이터가 축적된다.

지금 어느 방향으로 갈지 전혀 앞이 보이지 않는다면 그냥 놀아라. 꽉 찬 공간에서는 그게 무엇이든 창조적일 수 없다. 그림이나 음악, 춤 같은 예술뿐만 아니라 운동, 사회생활, 사업, 심지어는 인간관계까지도 채움보다는 비우고 난 후에 일어나는 결과가 훨씬 질이 높다.

그렇게 앞서가다 뒤쳐지다 걷다 쉬다를 반복하며
남과 다른 속도, 남과 다른 방향으로 걸을 수 있는
독보적인 한 사람이 되어 간다.

제대로 된 방향은 각자가 다른 법이니

때로 남들이 보기에

잘못된 듯 보이는 방향도 괜찮다.

쇠뿔은 단김에 뺀다

"언닌 어떻게 그렇게 실행력이 좋아요?"

"응?"

내가 생각해도 나는 실행력 하나는 끝내준다. 막말로 가진 건 실행력뿐인 사람이라고 해야 할 정도다. 하지만 이런 질문이나 애매한 칭찬엔 대꾸를 못 하겠다. '경험만 한 스승은 없다, 안 해봤으면 말을 말라.'라는 말이 있다. 그냥 이 말들이 진리다. 실행력이 좋은 건 해보지 않으면 모르기 때문이다. 거기에 하기 싫은 일도 꾸역꾸역 잘하는 주제에 하고 싶은 일이나 해 봐야 할 가치를 찾은 일이라면 어떻게든 해보는 편이 낫지 않을까 해서다.

새로운 도전에 앞서 갖가지 이유로 주저하는 사람들이 많다. 돈? 물론 있으면 좋다. 하지만 없으면? 만들면 된다. 시간? 있으면 더 좋다. 없으면? 역시 만들면 된다. 정보? 당연히 있어야 한다. 내가 하고 싶은 일이 어떤 일인지는 제대로 파악하고 있어야 하고말고! 최소한 내가 할 수 있는 일인지, 나에게 맞는 일인지, 시작할 적절한 시점인지, 나의 경쟁자 정도는 알고 있어야 하지 않을까? 누군가의 허락? 당신의 인생은 엄마도 남편도 자식도 대신 살아주지 않는다. 상의는 하되 결정은 스스로 내리는 습관을 들이자. 실패에 대한 두려움? 당연히 시행착오뿐만 아니라 실패까지도 각오해야 한다.

　실제로 새로운 시도를 주저하게 되는 건 실패에 대한 두려움이 가장 크다. 도전하면 무조건 성공한다는 전제가 깔린다면 누구나 도전하기를 주저하지 않을 것이다. 하지만 세상에 그런 일이 어디 있겠나. 시행착오를 겪지 않는 성공이란 없다는 것을 알기에 사람들은 돈이며 시간이며 용기며 허락이며 구구절절 변명을 들어 시도 자체를 망설이게 된다. 결국은 그 모든 걸 감수하고 얻게 될 산 경험이라는 이득을 떠올려야 하는데, 경험 자체를 이득으로 보지 않는다는 게 안타깝다.

도전이란 누구에게나 두렵다. 더욱이 처음이라면 더 두려울 수 있다. 하지만 하고 싶은 걸 찾은 당신이라면 일단 해 봐야 한다. 혹은 하고 싶은 걸 찾기 위해 도전하는 당신이라도 일단은 해 봐야 한다. 도전하지 않고 당신이 얻을 수 있는 것은 아무것도 없기 때문이다. 특히 모든 것이 처음이고 새롭다면 더없이 좋은 경험이 된다.

시작이 반이란 말은 반은 맞고 반은 개소리다. 무턱대고 도전하는 것은 어리석다. 하고 싶은 것이 무엇이건 100m 달리기는 아니라는 것 정도는 알아야 한다. 최소한 마라톤 정도, 어쩌면 평생 달려야 하는 일인지도 모른다. 하지 못할 온갖 변명거리를 찾아낼 시간에 차라리 내 수준을 파악하고 나의 능력에 맞는 현실적인 과정을 대략적으로나마 계획해 보는 편이 낫다. 대략적인 계획을 세웠다면 "그까이꺼!"라고 외치고 도전해버려라. 계획은 실행과 동시에 수정되기 마련이다. 완벽한 계획 따위는 없다. 유연한 자세로 시행착오를 겪다 보면 어느 순간 내가 하고 싶은 일을 잘하고 있게 되는 날이 온다.

나는 40대 늦깎이 작가다. 작가! 말이 작가지 책을 쓰는 데도 오래 걸리고, 책을 내기도 어렵고, 책을 낸다고 당장 돈을 벌수 있는 것도 아닌 애매한 꿈의 직업이다. 다 알고 시작했다. 작가가 되겠다고 결심했을 때 계획이라곤 머릿속으로 한 치 앞정도만 시뮬레이션을 돌려보는 것이 전부였다. 완벽한 시뮬레이션도 아니다. 살아보니 큰 그림을 그리되, 디테일한 계획은 수시로 짜는 게 더 효율적이었다. 웃기는 얘기지만 예상한 대로 예측 불가한 상황들이 수시로 벌어졌고, 처음의 계획도 수시로 바뀌었던 계획도 계속해서 어그러졌다. 그렇게 수시로 계획을 수정하며 드디어 마지막 퇴고 작업을 마쳤다. 6개월을 예상한 퇴고 기간이 1년 반이나 걸리는 바람에 통장 잔액이 거지가 되었지만, 마음은 여전히 느긋하다.

시작보다 더 중요한 건 사실 지구력이다. 적금을 중도해지를 하려고 드는 사람은 없지만 많은 이들이 상황을 이겨내지 못하고 중도해지하고 만다. 중도해지를 하면 아무 이득이 없는 것처럼 시작도 끝을 보려고 애쓰지 않는 한, 안 하느니 못 한 결과를 가져온다.

일단, 시작이 있어야 나머지 순간들도 있다.

해본 사람이라 그냥 하는 말이 아니라 시작하는 건 정말 쉽다.

밥 먹듯이 해치웠을 만큼 당연하게 해왔던 수많은 도전을 떠올려보자. 갑자기 떠올랐는데, 나의 가장 위대한 도전은 결혼이다. 기억할 필요성을 못 느낄 정도로 우리는 이미 도전하는데 이력이 난 사람들이라는 것을 기억하자.

쇠뿔은 달았을 때
빼야 잘 빠진다.

계속 보면 보인다

출산 전후로 육아 블로그를 운영하며 나름 쏠쏠한 수익을 올리던 때가 있었다. 지금과 마찬가지로 당시에도 블로그나 카페, 유튜브, 페이스북 등의 SNS로 억 소리 나는 수입을 올리는 사람들이 비일비재했다.

블로거 지인 중에는 잠도 안 자고 글을 쓰는 친구가 있었다. 지인들의 소문으로는 그녀가 글을 쓰며 버는 돈이 억 소리가 난다고 했다. 어느 날 그녀로부터 집으로 찾아가도 되냐는 연락을 받았다. 블로그에도 다단계식 글을 썼기에 그녀의 의도는 뻔했다. 집콕하며 모유 수유 중인 나에게는 시간 낭비가 될 게 뻔했지만 그녀에 대한 호기심에 져서 약속을 잡고 말았다.

집으로 온 그녀는 물어보기도 전에 자신의 삶부터 이야기했다. 그녀는 가난한 집안에서 태어나 지지리 궁상으로 살았다. 결혼마저도 비슷한 처지의 남자를 만나 했다. 지하 단칸방 월세에서 시작한 결혼생활은 냉담한 현실이었고, 어느새 쌓인 빚으로 인해 신용불량자가 되고 말았다. 글 쓰는 게 돈이 되는 걸 알게 되니 시간과 열정을 쏟았다. 가난으로부터 탈출할 유일한 희망으로 느껴져 말 그대로 미친 듯이 글만 썼다고 한다. 그렇게 잠도 안 자고 글을 써서 2년 동안 돈을 모아 빚을 모두 갚고 그럴싸한 전셋집까지 얻었다. 빚 없이 전세 사는 게 그녀의 꿈이었다. 원하는 걸 가지고 나니 그동안 뜬눈으로 지새우느라 허약해 질대로 허약해진 몸이 보이더란다. 덕분에 자신을 돌아보는 시간을 가졌다. 영업이 적성인 걸 깨달은 그녀는 파고 또 팠고 그렇게 글이 아닌 현실 다단계의 길을 걷게 되었다. 가능성이 있건 없건 기차를 타고 택시를 타고 버스를 몇 번이나 갈아타며 전국 어디든 간다는 그녀는 당시 연봉이 3억이라고 했다. 진심으로 존경스러웠다.

적성의 발견과 노력이 빛을 발하는 순간이 바로 이런 게 아닐까? 존경스럽긴 했지만, 그녀의 영입 제안은 단칼에 거절했다. 거절은 거절이고 나는 진심으로 궁금했다.

"어찌 그리 열심히 살아요?"

"언니, 전 돈이 지지리도 없어봐서 돈을 많이 벌 수 있는 게 정말 너무너무 좋아요. 그리고 지금 일에서 비전도 찾았고요."

　직장생활을 할 때, 상사 중에 승부욕이 어마어마한 사람이 있었다. 운전하면 내비게이션에 찍힌 도착 시간을 1분이라도 줄여 보려고 노력을 하고, 본인이 줄여보기로 목표한 1분보다 2~3분을 더 줄이면 엄청나게 만족해했다. 운동할 때도 남자, 여자를 가리지 않고 무조건 이기고 본다는 태도로 임했다. 혹여 지면 어떻게든 다시 도전하길 주저하지 않았다. 2등은 자존심이 허락하질 않아서 1등이 못 되면, 선후배고 뭐고 일단 눈에 쌍심지를 켰다. 사람들이 뭐라고 떠들건 말건 1등을 하기 위해서라면 수단과 방법을 가리지 않았다. 왜 저렇게 이기는 것에 목숨을 거는 걸까? 그 상사가 때론 얄밉기도 하고, 어느 땐 꼴 보기 싫기까지 했다.

　하지만 상사가 승부욕이 과해서 그렇지, 일로도 배울 점이 많았고, 여자 대 여자로서도 당당하고 멋진 여자였다. 사람이 완벽한 존재일 순 없으니 그 정도면 훌륭한 사람 축에 속했다. 겉으로 보기에는 정말 행복하고 성공한 가정을 가진 상사였다. 고액 연봉의 대기업 임원 남편에, 해외 유학 중인 두 아들, 당시

억대 연봉을 버는 본인도 그렇고…. 뭐 하나 부족한 게 없어 보였다. 하지만 그 상사는 부동산 일을 하기 전까지는 빚에 쪼들려 음식물 쓰레기봉툿값조차 아까워 벌벌 떨던 생활을 했다고한다. 대기업 임원인 남편은요? 자식들 번듯하게 공부시키는 게 자신들의 노후대비라고 생각해 아낌없이 교육비에 투자했단다. 덕분에 아이들이 고등학생이 되었을 무렵, 이미 빚이 몇억이 넘어가고 대출로 돌려막고 있었다. 그러니 음식물 쓰레기봉툿값조차 아까웠으리라.

다행히 상사는 48세의 나이에 부동산 일에서 적성을 찾았다. 다시는 음식물 쓰레기봉툿값에 벌벌 떨고 살기 싫다는 일념으로 하고 싶다는 생각과 해야 한다는 생각을 끊임없이 세뇌하며 산다고 했다. 상사는 부동산업 3년 만에 빚을 다 갚았다. 이제는 버는 족족 본인 명의의 부동산을 모으는 게 낙이다. 앞으로 족히 30년은 더 살 텐데 여전히 모자란다는 생각만 든다며 누가 봐도 날마다 열심히 살고 있다.

나는 블로거 동생보다 11살이 많다. 그 상사보다는 11살이 어리다. 나름 역경과 고난이 많은 과거사도 있다. 사업이 망해 길바닥에 나 앉아 집도 절도 없이 떠돌아도 봤다. 하지만 성취욕이라던가, 승부욕이라던가, 돈에 대해서도 간절함이 크지 않다. 이유가 무엇이건 간절함이란 게 내 마음먹은 대로 생기는 게 아닌 건 분명했다. 그것이 돈이 되었든 무엇이 되었든 간에, 그녀들처럼 나도 간절하게 이루고 싶은 무언가를 찾고 싶어졌다. 그녀들은 일하는 게 진심으로 즐거워 보였다. 그것만으로도 너무 부러웠다.

사람은 아무리 좋은 걸 보아도
깨닫지 못하는 경우가 있다.
하지만 자꾸 보다 보면 깨닫게 된다.

표현의 귀재

말하지 않아도 내 마음을, 내 능력을 알아주는 사람이 있다면 얼마나 좋을까? 눈빛만 봐도 내가 뭘 원하는지 딱딱 알아맞히고, 원하는 것을 들어주는 사람이 한 명이라도 인생에 있다면 진정 성공한 인생이다.

드라마나 영화에서 보면 주로 최측근 지인들이 그런 사람이 되어준다. 그들은 때론 가족이기도 하고, 동료이기도 하고, 친구이기도 하다. 무슨 관계가 되었건 그들이 최측근임은 분명하다. 하지만 현실에선 어떨까? 최측근은 얼어 죽을…. 아무리 가까운 사이일지라도 표현하지 않는 한 내 의사나 능력을 알아차리는 사람이 없다. 묵묵히 있거나 돌려서 말을 하면 찰떡같이 의도가 오해받거나 외면받기도 한다. 묵묵한 사람을 알아봐 주고, 그들의 가치를 인정해 주는 건 실로 어려운 일이다. 물론 우리가 추구해야 하는 이상적인 가치이긴 하지만, 우리는 결국 보고 싶은 것만 보는 불완전한 인간일 뿐이라는 사실을 직시해야 한다.

꽃들조차도 무작정 알아주기만 기다리지 않는다. 자신의 존재를 적극적으로 알려서 누군가를 찾아오게 한다. 아무리 맛있는 꿀을 많이 만들어 놓았다 해도 벌과 나비들이 찾아오지 않으면 아무 소용없다. 꽃들은 화려한 외모로, 때론 달콤한 향기를 풍기며 여기 맛있는 꿀이 있으니 이리로 오라고 온몸으로 외친다.

표현하지 않아도 자신의 유능함을 알아보는 상대가 언젠가 나타날 것이라는 생각은 착각일 뿐이다. 인정받고 싶다면 자신이 얼마나 유능한 인재인지 세상에 적극적으로 알려야만 한다. 하지만 내성적이라는 이유로 혹은 자라면서 내내 주입 당했던 겸손해라, 말을 아껴라, 진심은 통한다, 등등의 배움 때문에 자신을 드러내는 것을 꺼리는 사람이 많다. 특히나 동양에선 자신을 낮추고 속내를 감추는 것이 미덕으로 여겨지기에 더 그렇다. 보고 배우고 자라길 그러한데 한순간에 나를 표현하는 것이 자연스러울 순 없다. 그렇지만 해야 한다. 사상으로 배워 온 것과 다르게 자신을 드러내는 것이야말로 자연의 이치이기 때문이다.

나의 의사를, 능력을 드러내는 것이 불편하다면 최소한 몸짓, 말투, 표정이 되었건 뭐라도 표현하고 드러내야 한다. 상대방과 마찬가지로 나 역시 상대방의 보이는 모습으로 상대방을 판단하고 마는 것을 떠올려보면, 굳이 배우가 되어서라도 연기라도 해야 하는 이유가 생긴다. 자신 역시도 상대방이 표현하지 않는 한 상대의 속내는커녕 능력조차 알아차리지 못하는 판국에 반대의 경우만 바라는 것은 부질없는 욕심이다.

사람은 대부분 자신이 보고 싶은 것만 보고, 듣고 싶은 대로 듣는 성향이 강하다. 어디선가 본 글인데 도통 생각이 안 나서 생각나는 대로 인용해본다. 일을 잘하는 것과 일을 잘하는 것처럼 보이는 것은 완전히 다르다. 앞에 있는 것은 사실이고 뒤에 있는 것은 인식이다. 연구에 따르면 대체로 인식이 사실을 이긴다고 한다. 인식이 믿음이 되면 더 말할 것도 없다. 그러니 어떤 일을 잘하는 것도 중요하지만, 잘한다고 기억되게 하는 것도 중요하다. 만약 우리가 세상 모든 걸 일일이 보고 판단해야 한다면, 뇌가 터질 것이다. 그래서 우리 뇌는 웬만한 건 거른다. 중요하다고 판단되지 않으면 보이는 걸 보고, 대부분 본 대로만 판단한다. 할 일은 많고 시간이 부족하다면 더욱 그럴 수밖에 없다. 결국 내가 보는 것이 내가 믿는 것이 된다.

　디자인이나 포장이 좋으면 제품이 좋다고 여기고, 성품이나 실력보다 첫인상이 먼저 상대에게 전달되는 것처럼 어떤 성과를 올리느냐보다 어떻게 기억되느냐가 더 중요하다는 얘기다. 불합리하지만 현실이다.

　때로 묵묵히 자신을 낮추고 속내를 드러내지 않는 것이 미덕인 순간도 있지만, 과연 그것이 내가 원하는 것을 얻게 해 줄까? 성공은 고사하고 개인적인 삶에서도 사람들은 보이는 것을 믿는다는 것을 유념하자. 그것이 연기가 되었든 뭐가 되었든, 표현하는 기술을 길러야 하는 이유다.

열심히 말고 잘~하라고

나는 평범한 외모, 평범한 지능, 평범한 가정환경을 가지고 태어났다. 이미 타고난 조건을 바꿀 순 없으니 조건을 탓 해봐야 소용없다는 것은 일찍이 깨달았다. 평범한 조건 덕분에 무언가를 할 때 조금 더 노력하는 편이다. 그래야만 중간 이상으로라도 살게 되지 않을까, 먹고사는 문제뿐만 아니라 좀 더 나은 삶의 질을 누리게 되지 않을까 해서다.

직장생활을 할 때 임원들이나 대표가 입버릇처럼 했던 말이 있다. "열심히 한다고 해서 잘하는 게 아니야." 이런 말을 들으면 결과만 따지는 더러운 세상처럼 느껴진다. 하지만 막상 내가 임원의 자리에, 대표의 자리에 오르니 그 말은 진리였다. 결과는 중요하다. 물론 결과가 안타까울 정도의 과정도 있다. 누군가에게 안타깝게 여겨지는 그 과정은 언젠가 빛을 발하기도 하고, 정말 안타깝게도 영영 빛을 발하지 못하기도 한다. 여기서 이야기하고 싶은 것은 결과를 끌어내는 과정이다.

반에서 1등 하던 그 친구, 사회에서 성공한 그 친구들은 항상 똑같은 말을 한다. "그저 열심히 했다."라고…. 맞다. 그들은 정말 열심히 했다. 겉으로 보기엔 나도 그들도 모두 열심히 했다. 그런데 누구는 1등을 하고, 누구는 열심히만 한다고 해서 잘하는 게 아니라는 조금은 억울한 이야기를 듣고 만다. 이제 차이점을 찾아야 하는 순간이다.

예를 들어보자. A와 B라는 부하직원이 있다. 상사가 두 사람에게 보고서 양식을 던져주며 내일까지 제출하라고 한다.

A는 주어진 보고서가 효율적이지 않지만 어떻게든 맞춰 보려 한다. 밤을 새워 보고서를 써낸다. 정말 거지 같은 양식이라고 불만을 느끼지만, 겉으로는 불만을 드러내지 않고 보고서를 제출한다. 그리고 한 번, 두 번, 세 번…. 거지 같은 양식에 익숙해져 간다. 언젠가 본인이 상사가 되었을 때, 똑같은 보고서를

부하 직원에게 던져준다.

B도 똑같은 양식의 보고서를 받았다. 나름 써보려고 했지만 오래되어 거지 같은 보고서 양식은 시대에 맞지도 않고, 전혀 효율적이지도 않았다. 그래도 보고서를 작성했다. 그리고 좀 더 효율적인 보고서도 새로 하나 만들었다. 이전 보고서와 자신이 새로 만든 보고서 양식을 함께 제출하며 소신 있는 의견을 보탰다. 참으로 시건방진 일이긴 했지만, 상사가 봐도 B가 새로 만든 보고서 양식이 훨씬 더 시대에 맞고, 효율적이었다. 보고서 양식은 그렇게 새로 만들어졌다. B가 승진을 하면서 새롭게 만들어지는 것들이 더 늘어갔다. B는 젊은 나이에 임원이 되었다. 곧 자신의 회사를 차려 독립했다.

차이점은 한가지다. 바로 불만에 대응하는 자세다. A는 불만이 있어도 받아들이는 쪽을 선택하지만 B는 불만에 맞섰다. 불만의 원인을 파악하고 개선책을 찾아 자기만의 요령을 찾게 되었다. 결국 불만에 맞서 끊임없이 알파를 더해가는 것이 '열심히 + 잘했다'라는 결과를 가져오게 만든다. 성취 역시도 더 빠르게, 더 높게 이루어 낼 수 있다. 성공한 사람들은 불만에 맞선 사람들이었다.

'1 + 1 = 2'만 생각하는 것은 공무원이나 환영받는 일이다. 발전적 사고가 없는 한 발전은 없다. 전 시대를 통틀어 주어진 것만 열심히 하는 사람들에게 성공 타이틀은 주어지지 않았다. 우직하게 열심이기만 한 사람은 대부분 성공한 사람들의 돈을 더 벌어주기 위한 노예로 살아가곤 했다.

윗사람이 되면 보인다더니 정말 보였다. 다 같아 보이는 '열심'이, 똑같은 '열심'이 아니었다. 누군가는 끊임없이 고뇌하며 발전적으로 열심이었고, 누군가는 그저 우직하게 열심이었다. 일만의 얘기가 아니다. 삶을 대하는 자세도 마찬가지다. 끊임없이 질문하고, 새로운 시도를 해야 한다. 그렇게 해야 우리의 사고는 언제나 깨어 있을 것이고 발전해 갈 수 있다. 자연히 자신만의 요령도 생긴다. 요령이 생기면 효율은 말할 것도 없다.

불만에 맞서라.
불만이 없다면 발전 또한 없다.

제6장

나는 당신들을
포기하기로 결심했다

멈춤

"포기하지 마!" 이 말은 누군가에게 해주기도 하고, 스스로 세뇌하기도 하는 응원의 말이다. 응원의 의미로 자주 쓰이긴 하지만 그 말을 하는 동시에 무언가를 포기하게 만드는 것은 간과하고 있다. 선택이란 보통 사지선다형이 아닌 A or B, 하느냐 or 마느냐다. 어쩔 수 없이 선택하고 남은 선택지는 포기하게 된다. 고로 선택은 동시에 포기이고, 포기 역시 또 다른 선택이다.

주로 한계점을 맞이할 때 우리는 포기를 떠올리게 된다. 스스로 한계라고 말하게 되는 시점은 누구나 다르다. 한계점은 스스로 느끼기도 하고, 타인에 의해 먼저 발견되기도 한다.

"포기하지 마!"

"할 수 있어!"

"이제 그만해."

스스로 느끼거나 때로 타인에게 이런 말을 듣는다면 분명 한계점에 도달했다는 증거다. 스스로 한계를 인지했다면, 멈추고 재충전하는 시간을 가져야 한다. 우리가 삼시 세끼건, 두 끼건 끼니때마다 꼬박꼬박 밥을 챙겨 먹는 것은 다른 이유가 있어서가 아니다. 때 되면 자는 것도 마찬가지다.

TV 광고 중에 에너자이저 건전지를 생각해보자. 호기롭게 백만 스물두 번을 외치지만 결국 방전된 채 버려진다. 쉬지 않고 달릴 수 있는 에너자이저가 아니라 좀 더 성능이 좋아진 일회용 건전지다. 사람에게 방전은 뭘까? 원치 않는 포기를 불러오는 것일 뿐이다. 아이러니하게도 우리의 의지란 놈은 자주 문제를 방관하고 만다. 곧 방전될 게 눈에 보이는데도 멈추지 말라고, 할 수 있다고 부추기기 일쑤다. 한계를 마주했을 때 우리가 해야 할 일은, 방전되기 전에 쿨하게 충전할 시간을 가지는 것이다.

멈춤

내가 멈춘 시점이 한계점이 아니어도 괜찮다. 굳이 불안하게 밧데리를 1%만 남겨두고 충전할 필요는 없는 것이다. 방전되기 직전이 아니라 아직 여유가 있을 때 충전하며 가는 것이 오히려 멈추지 않고 달리는 것과 같은 효과를 가져온다. 더더구나 자신이 목표한 곳이 에베레스트라면 가장 효율적인 페이스를 지켜낼 필요가 있다. 페이스메이커는 내가 될 수도 있고, 다른 이가 될 수도 있지만 누가 만들어주건 자신의 페이스를 알고 지켜내는 것이 중요하다.

더 멀리 나아가기 위해, 더 오래달리기를 위해 과감히 선택해야 한다. 방전된 채 어쩔 수 없이 하고 마는 포기가 아니라 효율적인 포기를 선택하도록 하자.

**에베레스트를 단숨에 쉬지 않고
올라갈 수는 없다.**

내려놓기

국어사전에 걱정의 정의를 찾아보면 '안심이 되지 않아 속을 태움.'이라고 나온다. 우리는 하루에도 수십만 가지 걱정을 하며 살아간다. 의미 그대로 나를 속 태우게 만드는 걱정의 대상도 참 다양하다. 건강 문제, 아이 문제, 직장 문제, 돈 문제, 안전 문제, 인간관계 등등 현실적이고 실질적인 것부터 천재지변이나 교통사고와 같이 예측 불가한 것들까지 우리의 걱정 대상은 그 범위가 넓고도 다양하다.

실제로 요즘 같은 예측 불가의 시대에는 쓸데없는 걱정이라 타박할 수만도 없다. 퇴근길에 교통사고를 당해서 멀쩡했던 몸을 다칠 수도 있고, 하루아침에 잘 나가던 직장에서 잘려 일자리를 잃게 될 수도 있는 것이 요즘의 삶이다. 지금 이 글을 쓰고 있는 시점은 전 세계가 코로나 19 바이러스로 몸살을 앓고 있다. 코로나 팬데믹이다. 개개인이 잘 처신하면 될 것 같지만 사회적 동물인 인간의 특성상 완벽한 처신은 불가능에 가깝다.

아직 일어나지 않은 일을 두고 밤을 지새울 정도로 신경을 곤두세우는 우리들이지만, 그렇게 시간과 감정을 소모하며 걱정해봐야 무슨 소용일까? 하지만 아무 도움이 안 된다는 걸 알면서도 기어이 또 걱정하고 만다. 언제 죽을지 몰라서, 무슨 일이 일어날지 몰라서가 아니어도 수시로 걱정거리를 찾아내 불안해하고 두려워한다. 그리고 꼬리에 꼬리를 무는 상상이 마치 진짜 벌어질 일 인양 착각하면서 쓸데없는 걱정으로 밤을 지새운다. 비논리적이고 비현실적인 고민이라고 주변에서 아무리 지적해도 쉽게 이해하지도 내려놓지도 못한다. 결국 걱정과 고민에 심신이 지쳐서 애초에 별것 아니었던 문제를 해결할 힘마저도 잃어버린다.

걱정의 노예가 되어 우울증에 빠지는 것도 순식간이다. 걱정이란 감정은 한번 생겨버리면 스스로 제어하기가 매우 어렵다. 특히 해결책이 없는 걱정일수록 더욱 큰 불안감과 함께 마음속에 뿌리를 내리기 쉽다. 별것 아닌 걱정들로 인해 잠을 못 자고, 밥을 못 먹고, 끝내 의욕을 잃은 채 매사에 자신감마저 잃어버린다. 걱정에 정신이 팔려 시간이 어떻게 가는지조차 알지 못한다. 온 정신을 걱정하는 데 바쳐버리는 것이다. 털고 일어나는건 허무할 정도로 간단한 일이지만, 스스로 털어내고 일어나는것이 쉬운 일은 아니다.

윈스턴 처칠의 말에서 나는 답을 찾았다. "나는 바쁘다, 그래서 나에겐 걱정할 시간이 없다." 나를 심각한 우울증까지 앓게 만든 걱정은 어이없게도 몸이 바쁘니 깡그리 다 사라졌다. 몸이너무 피곤하니 걱정이고 고민이고 할 시간이 없었다. 끝없이 일어나는 걱정을 없애는 가장 좋은 해결책은 바쁜 것이었다. 물론모두가 바쁜 삶을 살진 않으니 걱정을 그 방법만으로 해결할 순없다.

걱정은 개인적으로 고통스럽고 힘이 들긴 하지만, 걱정이 미치는 영향이 무조건 부정적이지만은 않다. 사실 사람이 초 긍정적인 것도 문제다. 적당한 걱정은 오히려 유익하다. 미래에 대한 대비책을 주기 때문이다. 예측불허의 상황들에 대한 막연한 걱정 때문에 우리는 건강을 챙기고, 안전한 재테크를 궁리하고, 보험에 가입하고, 연금을 준비하고, 자기 계발을 한다. 덕분에 미래를 어느 정도 대비할 수 있다.

 걱정을 아예 하지 않는다는 건 불가능하다. 하지만 걱정하면서도 결국은 삶을 살아야 한다. 적당 선에서 걱정을 멈추는 각자의 방법을 찾는 것이 좋지만, 적당 선에서 멈춘다는 것! 알다시피 '적당히'가 세상에서 가장 어렵다. 끊임없이 일어나는 걱정 앞에서 객관적이고 논리적으로 되는 것 역시 언감생심이다. 하지만 걱정이나 고민이 사라지지 않는다면, 차분하게 사실을 파악하고 분석해보는 것이 좋다.

 지금 하는 걱정이 밤을 새우면서 고민한다고 더 나은 방안을 내어줄 수 있을까?
 애당초 별것 아닌 문제로 스스로 걱정거리를 만들어낸 것은 아닐까?
 실제로 걱정하고 있는 일들이 내게 닥칠 확률은 얼마나 될까?
 지금 당장 해결할 수 없는 일을 가지고 걱정하고 있는 것은 아닐까?

 그토록 나를 속 태우던 걱정거리는 실제로 그리 큰 것이 아닐 수도 있다. 물론 예측 불가한 최악의 상황이 발생할 수도 있다.

하지만 그것도 결국 엎질러진 우유다. 엎질러진 우유는 차분히 닦으면 된다.

한 가지는 확실하다.
내가 밤을 새워 걱정하는 사건은
내 생각보다 더, 거의, 일어나지 않는다.

내려놓기

믿거나 말거나

가끔 예지몽을 꾼다. 예지몽을 꿀 때면 새벽 4시경에 잠에서 깬다. 다른 꿈들과 달리 기억이 아주 선명하다. 예지몽을 꾸게 된건 그리 오래된 일이 아니다. 실제로는 하룻밤에도 셀 수 없을 정도로 많은 꿈을 꾼다고 하지만, 평소엔 거의 기억을 못 하는 편이다. 꿈도 꾸지 않고 푹 자고 일어났다고 표현해야 할 정도로 꿈을 꾼 기억이 없는 날이 많다. 때론 사나운 꿈에 엄청나게 시달리고 일어났지만 꿈 내용이 전혀 기억나지 않는 때도 있다. 하지만 선명하게 기억나는 꿈을 꾸고 새벽에 깰 때면 기어이 무슨 일이 일어나고 만다. 가끔은 내 예지몽이 무서울 정도로 그 일은 꼭 일어나 버린다.

심리학자들은 어떤 생각에 집착하거나 무언가를 원하는 마음이 간절하면 꿈으로 표출되는 것이라고 한다. 내 경우 인과 관계가 없는 꿈을 자주 꾸기에 완전히 동의할 순 없다. 예지몽은 전혀 과학적이지도, 논리적이지도 않고, 예상도 안 되고, 의도적이지도 않다. 내가 어떠한 행동을 취하지 않아도 예지몽대로 일이 일어난다. 우연도 자꾸 겹치면 필연처럼 느껴지듯 내 꿈도 그렇다.

어떤 점쟁이들은 내게 신기가 있어서라고 얘기하기도 하고, 영혼이 맑아서라고 얘기하기도 한다. 가위에 잘 눌리는 체질이라 귀신을 엄청 무서워하는데, '맙소사'다!

예지몽은 신기가 아니다. 누구나 선명하게 기억에 남는 꿈을 꿀 때가 있다. 그럴 때면 궁금증을 못 참고 검색 창에 해몽하는 자신을 발견할 것이다. 누구의 꿈은 아무리 선명해도 아무 일 없이 지나갈 때도 있고, 누구는 꿈을 통해 별일을 예측하기도 한다. 엄마들은 종종 어제 꿈자리가 사나웠으니 오늘은 제발 조심하라고 당부할 때가 있다. 자식들은 대부분 잔소리로 취급하긴 하지만 자주 별일이 생기기도 하는 걸 보면 그저 흘려버리기엔 뭔가 찜찜하다. 물론 그 말을 들었기 때문에 괜히 신경 쓰다 안 생겨도 될 일이 생겼다고 얘기할 수도 있다. 하지만 정말 그럴까?

나도 그렇고, 누군가도 그렇고, 자기 머리로 무언가를 생각하기 시작한 순간부터 작건 크건 많은 일을 시도해보며 스스로 인지하고 배우는 것들이 있다. 그렇게 알게 된 것들은 직관이라고 한다. 나보다 잘난 사람들과 못난 사람들을, 나이 많은 사람과 나이 어린 사람들을 두루두루 만나며, 상대방을 통해 또 배우며, 그 경험들이 쌓이고 쌓여서 나이가 들수록 직관만으로도 알 수 있는 것들이 많아진다. 그래서 많은 사람이 자신의 직관을 믿는다. 경험으로 알게 된 것들이니까. 하지만 경험이란 지극히 개인적이다. 우리의 직관은 사실 편견 덩어리지만 자기 자신에게만큼은 매우 당연하고 상식적이다.

　예지몽을 꾸게 된 것은 나이가 어느 정도 들었을 때부터다. 경험적이고 현실적이고 지극히 개인적인 편견만 쌓아가는 현실의 내가 답답해서 내 안의 아이는 촉이라던가 감각을 더욱 키워낸 건 아닐까. 그렇게 내 속의 또 다른 자아가, 꿈이라는 매개체를 통해 직감으로 알게 된 것을 나에게 알려주는 것일지도 모를 일이다.

설마가
막 사람 잡더란 말이지.

스트레스 그까이꺼

시아버님은 스트레스를 받으면 좋아하는 사람들과 술을 마시거나 이야기를 나누며 푼다고 한다. 하지만 아들은 술도 못 마시는 데다 바른 생활만 하니 대체 이놈이 스트레스를 어찌 푸는지 궁금했단다. 어느 날 시아버님이 남편에게 물었다.

"너는 스트레스를 어떻게 푸니?"

"잠으로 풀어요."

"잠? 그건 스트레스를 해소하는 게 아니라 오히려 쌓아 두는 거나 마찬가지다. 스트레스를 푸는 방법은 사람마다 다르지만 잠은 나쁜 습관이야. 좋은 사람들을 만나고, 즐거운 이야기를 나누거나 운동을 하거나 취미생활을 하는 게 잠보다는 더 도움이 될 거야. 대외적으로 활동하며 자신만의 스트레스 해소법을 터득해야 해.

그게 어떤 방법이 되었든 스트레스는 쌓아두는 게 아니야. 해소할
수 있는 자기만의 방법을 찾는 게 좋아."

  시아버님과 이야기를 나눈 후에도 남편은 여전히 스트레스를
받으면 이불속으로 도망치곤 했다. 그렇게 쌓아두기만 하고 해
소하지 못한 스트레스는 자주 폭발하는 형태로 표출되었다. 남
편은 그런 자신이 힘들었고 결국, 자신만의 스트레스 해소법을
찾아보기로 했다.

  그래서 그 뒤로 남편은 골프도 치고 여행도 다니고 캠핑도 다
닌다. 가끔이지만 술자리를 통해 수다도 떨면서 스트레스를 해
소하고 있다. 이렇게 쓰면 남편이 굉장히 바깥으로 나도는 것처
럼 보이지만, 여전히 가정적이고 가정적이다 못해 집돌이다.

  내 경우는 남편과 반대로 스트레스가 쌓이면 사람을 만나지 않
는다. 술이나 수다, 여행 등으로 스트레스를 풀어보려 노력했지
만 스트레스보다 피로도가 더 문제가 되었다. 차라리 집을 깨끗
이 청소하고 예쁘게 꾸미는 게 더 스트레스가 풀린다. 집순이가
더 적성에 맞다. 덕분에 우리 집은 수시로 가구 배치가 바뀐다.
식물들은 더하다. 시도 때도 없이 새로 들이고, 분갈이하고, 배

치가 바뀌는 등 주인과 함께 고생이 많다. 가늘었던 손목은 점점 생활 근육이 잡혀가고 허리가 아픈 날이 많다. 하지만 돈 쓰고, 몸 쓰고, 눈 호강하는 거로 스트레스가 풀리니 어쩌겠나. 피로도? 좋아하는 걸 하니 전혀 피로하지 않다.

적당한 스트레스는 건강한 삶의 원동력이 되기도 하지만, 우리는 언제나처럼 또 '적당'이라는 단어 때문에 오판하고 만다.

스트레스를 가볍게 여기면 주변 사람들까지 힘들어진다. 때론 멍이 들고, 때론 피가 나고, 수술이 필요할 정도로 여파가 커지기도 한다. 몸에 상처가 났을 때를 대입해보자. 아픔은 누구나 겪어야 하는 과정이지만 상처는 언젠가 분명히 낫는다. 낫지 않는 상처는 대체로 없다. 영원한 흉터를 남기는 상처라도 시간이 지나면 자국이 희미해진다. 피를 보고 놀란 마음이, 아프고 쓰라린 적이 언제였는지 기억이 나지 않을 정도로 시간은 상처를 기억 뒤편으로 잊히게 만든다.

하지만 시간이 상처를 아물게 해주지 않을 때도 있다. 때로 시간에 맡기고 방치해버린 상처는 곪아 터진 상태로 더없는 고통 속으로 내몰기도 한다. 시간이 아닌 제대로 된 치료가 필요한 상처도 분명히 있는 것이다. 그러나 상처 대부분은 견디다 보면 자연치유가 되기에 일일이 약을 바르고 치료하는 것은 귀찮은 일이기도 하다. 하지만 습관적으로 기다리는 것으로 상처가 치료되길 바라는 것은 오진이다. 심각하게 보이는 상처가 금세 낫기도 하지만 별것 아닌 상처가 언젠가 곪아 터져 내 살을 갉아먹기도 한다.

그러면 도대체 어떤 상처를 치료해야 하는 걸까?

제대로 된 치료가 필요한 상처는 곪아 터지기 전에 염증을 일으킨다. 그렇게 상처는 곧 스스로 인지하는 순간이 온다. 상처가 염증을 일으키며 아프다는 신호를 보내듯이 스트레스 역시 엉뚱한 곳에서 폭발하며 표출된다. 그 원인이 작은 스트레스들을 쌓아둔 것이었다고는 전혀 생각하지 못한 채로 시시때때로 폭발해댄다. 상처는 아무리 커져도 원인이 분명하지만, 스트레스는 어느 정도 커진 상태에서는 원인을 찾지도 못한다. 원인을 모르니 치유 방법을 찾기란 더 어렵다. 이유도 모른 채 예민하고 신경질적인 사람이 되고 만다. 가까이하기엔 너무 불편한 당신이 되는 것은 불 보듯 뻔하다.

걱정과 마찬가지로 스트레스도 없을 수 없다. 아니, 없는 게 더 비정상이다. 그렇다면 역시나 자신만의 해소법을 찾는 것이 중요하다. 사람의 마음을 편안하게 하고 생기를 불어넣어 주는 것은 잘 먹고, 잘 자고, 잘 웃는 것이라고 한다. 3박자 중에 무엇보다 웃음이 스트레스 해소엔 최고라고 생각한다. 웃을 일을 찾는다면 스트레스는 자연히 해소되게 되어 있다. 웃을 일이 없다고? 꼭 깔깔대고 웃는 것만이 웃는 게 아니다. 나는 내가 키우는 식물들을 그저 바라보고만 있어도 절로 미소가 지어진다.

만병통치약이 있다면
그건 바로 웃음이다.

지금 죽으면 그게 내 '명(命)'

나는 유독 여행을 가기 전에 사건·사고가 잦다.

예전에 친한 지인들과 발리로 여행을 가기로 한 적이 있었다. 하필 우리가 여행을 가기로 한 며칠 전, 발리에서 화산 폭발이 일어났다는 뉴스가 방송되었다. 같이 가기로 한 사람 중에 두 명이 걱정을 습관적으로 하는 사람이었다. 발리 화산만 검색해 봐도 우리가 가기로 한 곳이랑은 거리가 엄청난 걸 알 수 있었지만, 그녀들은 가타부타하고 메인뉴스 한 줄에만 집중했다. 귀찮고 싫은 일이었지만, 그들이 그렇게 걱정할 일이 아님을 설파했다. 그렇게 그들과 그들의 부모님, 주변인들까지 설득해 결국 여행을 다녀왔다.

우리는 오지로 탐험을 떠난 게 아니라 휴양지로 여행을 떠났었다. 공기 좋고, 물 좋고, 인심 좋고, 아름다운 휴양지들이 여행의 대상지였다. 마음의 준비나 만반의 준비 따위 할 필요도 없이 막말로 돈만 들고 가면 되는 곳들이다. 하지만 사람들은 머릿속에 박혀 있는 사건들을 위주로 마치 엄청난 일이 벌어질 것처럼 조심을 기한다. 자연재해가 일어날 수도 있지만, 우리는 매번 무탈하게 여행을 즐기고 왔다. 여행 전 사람을 들들 볶으며 걱정한 게 누구였냐는 듯이 막상 여행지에 도착한 지인들은 누구보다 적극적으로 여행을 즐겼다.

걱정이 습관인 2명과 유럽 여행도 다녀왔다. 관례를 치르듯 그들의 오진 걱정을 털어주면서 생각이 들었다. '혼자 갈까?' 몇 번이나 혼자 여행을 떠날까 고민했지만 그 당시 나의 가장 큰 문제점이라면 바로 혼자인 걸 지독히도 싫어했다는 것이다. 못 견뎠다. 굳이 지인들을 설득해 여행을 가는 것도 너무 싫었지만, 혼자인 게 더 싫어서 덜 싫은 걸 선택했다. 지금이라면 "야, 평생 집에나 박혀 살아!"라고 당당하게 얘기하고 혼자 여행을 떠났을 텐데 아쉽다. 그들은 언제나 걱정할 시간은 있어도 준비할 시간은 없었다. 그나마 다행인 건 여행을 떠나면 적극적으로 돌변한다는 것이었다.

하와이 여행을 계획하고 있을 무렵에도 일본에서 원전 사고가 발생했다. 책까지 사서 정말 열심히 계획했는데 이때는 나도 살짝 걱정되었다. 평상시에 걱정하는 이들을 설득하고 추진하던 주축이 흔들리니 여행은 무산되고 말았다. 당시 하와이 여행을 다녀온 사람들은 십여 년이 지난 지금까지 무탈하다. 그렇게 마음먹었을 때 떠나지 못한 하와이는 그 후 갈 기회가 도통 잡히지 않는 통에 여전히 가보지 못한 여행지로 남아 있다.

아는 할배가 오래전에 했던 말이 떠올랐다.

"그거 해서 지금 죽으면 그게 네 '명(命)'이야!"

사람들은 습관적으로 묻는다. 경험이 많은 사람들이나 전문가에게 물으면 차라리 낫다. 한데 비 경험자나 비전문가들에게 주워들은 이야기만을 맹신한 채 걱정에 사로잡혀 시도 자체를 포기해 버린다. 나 역시 위험하거나 익사이팅한 걸 즐기진 않는다. 하지만 때론 익사이팅하면 또 어떤가! 인생이 언제나 안전하고 평화로울 수는 없는 법이다. 그리고 우리는 언젠가 모두 예외 없이 죽는다. 그 언젠가는 누구도 예측할 수 없다. 내가 어딘가로 가서 혹은 무엇인가를 해서 죽을 운명이라면, 아무것도 시도하지 않아도 그냥 죽을 운명이다. 그저 나는 그 정도 명(命)을 타고난 것이다.

일일이 물어보고, 이슈 거리를 체크하며 밤새워 걱정하고, 주변에 말을 옮길 정도로 당신은 누구보다 적극적인 사람이다. 당신의 적극성을 엄한 데 쓰지 말고, 부디 죽기 전에 추억거리를 하나 더 만드는 일에 쓰길 바란다.

기회는 언젠가 또 온다고 생각하지만,
시간, 돈, 관계 등 딱 맞는 타이밍은 생각처럼
쉽게 오지 않는다.

제7장

여우와 신 포도

엄마, 나 지금 햄보케요

시댁에 머물 때 우리 부부는 약속이나 한 듯이 말을 아꼈다. 말해봐야 서로 마음만 상할 테니 혹시나 하는 마음에 자연히 나누는 대화가 적어졌다. 아이와 함께 있을 때도 마찬가지였다. 뭔가 서먹한 기운을 아이도 느꼈던 걸까? 어느 날 잠자리에서 아이가 뜬금없이 말문을 열었다. 이제 갓 말문이 터져 혀 짧은 소리를 내는 아이였지만 제법 생각을 말로 표현해내고 있던 딸아이였다.

"엄마, 나 지금 햄보케요."
"공주야, 뭐라고?"
"햄보케요!"
"여보 들었어?"
"응, 햄보카대! 큭큭큭"

딸아이의 햄보카다는 말 한마디에 우리는 서먹했던 적이 있기나 했었냐는 듯 살가운 웃음을 터트렸다. 어스름한 잠자리에서 갑자기 딸아이가 말을 해서 놀라 서먹한 감정을 잊었는지도 모른다. 뭐가 되었든 남편의 웃음소리에 나도 모르게 서먹했던 감정이 사라져버렸다.

"어머, 우리 공주 행복하다는 말 누구한테 배웠어?"
"선생님한테요."
"선생님이 행복이 뭐라고 가르쳐줬어?"
"엄마랑 아빠랑 같이 있는 거요."

아! 아이의 말에 순식간에 눈물이 맺혔다. 어른들은 당연한 듯 또 잊고 있었다. 그곳이 어디건 우리 가족이 이렇게 함께 누워 서로를 느끼며 잘 수 있다는 것 자체가 행복한 일이라는 것을 말이다. 습관처럼 기대하고 실망하며 지금 가진 것을 놓치고 있었다.

"공주가 행복하다고 얘기해줘서 엄마도 너무너무 행복해. 엄마도 공주랑 같이 있는 게 세상에서 제~~~~~일 행복해."
"아빠도 공주랑 같이 있는 게 세상에서 제~~~~일 행복해."

아이의 볼에 미친 듯이 뽀뽀 세례를 했다. 아이도 양쪽에 누워 있는 엄마 아빠의 볼에다 뽀뽀를 되돌려 주며 다시 한번 감동 멘트를 날렸다.

"엄마 사랑해요! 아빠도 사랑해요!"

우리는 연신 사랑한다고 말하며 서로의 볼에 뽀뽀해댔다. 아이의 말 한마디에 한동안 잊고 있었던 사랑의 말이 봇물 터지듯 쏟아져 나왔다. 행복이 흘러넘친다는 게 바로 이런 느낌이 아닐까! 행복하다! 사랑한다! 고작 두 마디 말로 넘치는 행복에 젖었다.

**"어머, 어머, 우리 공주, 오늘을 기념해야겠어. 녹음하자, 녹음!
공주야 한 번만 더 얘기해줘. 엄만 지금 너무, 너무, 너무 행복해
서 이 순간을 남겨둬야겠어!"**

2019년 9월 29일 23시. 우리 부부의 소중한 딸은 태어난 지 41개월 만에 처음으로 "햄보카다."라고 말했다.

요즘은 아이를 통해 깨닫고 느끼는 것들이 많다. 아이는 단순

하다. 느끼는 것을 고스란히 말로 뱉어낸다. 좋은 것은 좋은 대로, 나쁜 것은 나쁜 대로 거르지 않는다. 굳이 마음을 한껏 담아 사랑한다, 행복하다는 말까지는 바라지 않는다. 그저 바란다면 표정만 보고도 "무슨 일 있어? 괜찮아? 기운 내!" 이 정도 말한마디면 충분하다. 하지만 말을 안 해도 알 거라고 단정한 채 입바른 소리조차 못하고 마는 것이 어른들이다. 입바른 소리라도 좋다. 나 역시도 입바른 소리조차 듣지 않으면 자주 서운하니까. 아니 어쩌면….

뭐가 그렇게 힘들다고? 당연히 해야 할 일을 하고선 왜 힘들어해? 다른 집 애들은…. 옆집 남편은…. 내가 더 힘든데….

그저 나만 챙겨주기를 원했던 거다. 남편의 감정을 외면하는 것도 모자라 내가 외면한 걸 변명하기 위해 비교하고 비난하길 서슴지 않는다. 보고 들어 아는 것이 많아져 마치 저주에 걸려버린 듯하다. 비교하고 기대하고 실망하고 원망하다 결국 행복을 막연하거나 추상적인 것으로 치부해버리기 일쑤다. 한마디 말이면 되는데 그게 그리도 힘들다.

아무 날보다도 못한 날을 고작 한마디 말로 더없는 행복감을 느끼게 만들어 준 딸아이가 고마웠다. 행복은 그저 이미 가지고 있는 것을 깨닫는 것에 불과하다는 사실을 진심으로 깨달은 순간이었다.

우리가 궁극적으로 추구하는 행복한 삶은 가까운 세상을 살필 때야 비로소 온다. 어른이 본보기가 되어 주어야 할 판에 아이가 본보기가 되어 주고 있지만, 그래도 이렇게라도 서로 알아가고 배워갈 수 있다는 것만으로도 너무나 감사하고 행복하다.

**"불행한 사람들이 불행한 이유는 제각각이지만,
행복한 사람들이 행복해하는 이유는
비슷비슷하다."
—톨스토이의 책《안나 카레니나》중에서**

남편 활용법

새롭게 이사한 집은 30년 가까이 된 집이라 손 볼 곳이 많았다. 새로 갈 어린이집을 구하지 못한 상태라 딸아이가 집에 있었지만, 뭐든 후딱후딱 해치워야만 직성이 풀리는 성격 탓에 아이와 놀아주는 대신 직접 망치를 들었다. 맞벌이로 아이를 온종일 어린이집에 맡겼던 탓일까. 엄마가 망치를 두드리고, 시멘트를 바르는 동안 아이는 하루 반나절 이상을 유튜브를 친구삼아 혼자 놀면서도 엄마와 같이 있는 것만으로도 무척 좋아했다. 큰 공사가 어느 정도 마무리될 때쯤 딸아이도 새로운 어린이집에 다니게 되었다. 자잘한 일들은 남편과 함께 주말에 하면 되니, 그토록 갈망하던 자유의 시간이었다. 집안 공사로 정신적으로 육체적으로 힘들었던 탓에 일단 너무너무 쉬고 싶었다.

하지만 웬걸! 집에 있으니 집안일들이 계속해서 눈에 밟혔다. 집안일은 손대려고 하니 정말 끝도 없었다. 집에 있으면서 빨래를 산더미처럼 쌓아 두는 것도, 거실에 먼지가 뒹구는 것도, 식물들이 말라비틀어지는 것도, 반찬을 사다 먹는 것까지도 괜히 미안해졌다. 누가 뭐라고 한 것도 아닌데 나 혼자 죄인이 되어서는 결국 나에게 주어진 시간을 집안일을 하느라 보내게 되었다. 청소하고, 빨래하고, 시장을 다녀와 반찬 몇 가지를 하면 금세 아이가 올 시간이었다. 기대한 것처럼 쉬는 건 고사하고, 맘 편히 책한 권 읽을 시간도 나지 않았다. 그야말로 쫓기듯 하루하루를 보내고 있는 것도 억울한데, 내가 살림과 육아에 전념하면 할수록 남편은 점점 더 손가락 하나 까딱하지 않게 되었다. 인간은 길드는 동물인 것을···. 나는 엄청난 짓을 저지르고 있었다.

직장을 다닐 때, 집에 있는 엄마들을 보며 왜 저렇게 온종일 집안일만 하는지 이해가 되지 않았었다. 남편 뒀다 어디다 쓰려고 혼자 용을 쓴다고 속으로 혀를 찼었다. 사실 얘기를 몇 번 해 봤지만, 다들 하는 말이 같았다. 아무리 얘기해도 남편은 말이 안 통한다, 직접 다 하는 게 속 편하다고.

선배 유부들이 많이 조언하는 것 중의 하나가 신혼 초에 기 싸움에서 이기라는 것이다. 기 싸움이란 게 꼭 필요할까 싶었지만 살아보니 남편을 개 상전으로 만드는 건 오로지 나의 무수리 짓이었다. 알콩달콩 함께 잘살아 보자고 결혼이란 걸 한 것인데, 이건 내 몫, 저건 네 몫, 여기까진 내 영역이라고 정해두는 것도 사실 말이 안 된다. 그렇지만 분명히 이해와 배려가 전제된 '함께'의 의미를 찾아야 한다. 이해와 배려가 전제된 일방적인 희생이 아니다. 남편이 말이 안 통한다고? 되돌아보아라. 남편은 처음부터 말이 안 통하는 사람이 아니었다.

곧 일과표를 짜고 하루하루를 다시 정비해 나갔다. 아이가 없는 시간은 오롯이 나를 위해 쓰고 있다. 글도 쓰고, 책도 읽고, 영화도 보고, 산책도 하고, 수영도 다시 등록했다. 아이가 하원하고 집에 돌아오면 아이와 노는 데 집중했다. 남편 퇴근 시간에 맞춰 밥하고, 더 이상 10첩 반상은 차리지 않았다. 반찬은 최소한만 하거나 사 먹었다. 설거지며 청소나 빨래도 예전처럼 번갈아 가며 하거나 함께 하게 되었다. 물론 집안일은 내가 조금 더 하고는 있다. 시간 되는 사람이 조금 더하면 되는 일이다.

역할분담. 우리 부부는 6년째 함께 살고 있다. 아직 햇병아리 부부다. 함께 사는 게 뭔지 이제 조금씩 감을 잡아가고 있다. 역할분담도 적당히 한다. 딱 정해두진 않았지만, 그때그때 상황에 따라 하고 있다. 주로 요리를 안 한 사람이 설거지하는 식이다. 때로 가위바위보로 정하기도 하고 한 사람이 아이를 씻기면 한 사람은 빨래를 개킨다. 한 사람이 청소하면 한 사람은 아이와 놀아준다. 절대 이상적인 이야기가 아니다.

공간. 함께 밥 먹고, 함께 TV를 보고, 함께 놀고, 함께 잠을 잔다. '함께'라는 건 참 좋다. 하지만 내 공간은 필요하다. 각자의 공간이 필요하다는 게 더 맞겠다. 난 괜찮다고? 아니, 정말 괜찮은 사람은 없다. 비록 반 평이라도 나만의 공간은 필요하다. 5살인 딸아이조차도 고작 인디언 텐트지만 자기만의 공간에서 더 안정감을 얻는다. 나는 작가 타이틀 덕에 서재를 차지하고 내 공간으로 쓰고 있다. 하지만 아이에게 곧 내어주어야 할 방인 걸 알기에 자주 불안하다. 가장 안타까운 사람은 남편이다. 아이가 태어난 뒤 남편의 유일한 공간은 거실의 1인용 소파다. 더 이상 혼자일 수 있는 공간 자체가 없다. 그래서인지 자기 자리에 대한 집착이 강하다. 우리가 사는 집이라고 해봐야 방이 두세 칸이거나 많아야 네 칸이다. 공동의 공간과 각자의 공간을 모두 충족시키려면 기발한 아이디어와 과감한 공사가 필요하다.

　시간. 우리가 가족으로써 함께 하는 시간은 생각보다 짧다. 하루 중 반나절은 버젓이 내 시간이지만, 나는 뒷전이고 아내이고 엄마로서만 사는 이들이 많다. 나도 잠시지만 그리 살아 버렸다. 누구나 내 시간을 쓸 수 있다. 내 시간을 나 이외의 타인을 위해서 쓸 수도 있다. 하지만 섭섭하게도 그 누구도 자기 시간만큼 내 시간을 소중히 여기지는 않는다. 내 시간을 소중히 여길 수 있는 사람도, 오로지 나를 위해 쓸 수 있는 사람도 나밖에 없다.

**시간, 공간, 남편은
상황에 맞게 쓸모 있게 활용하자.
특히 남편은 남의 편도, 상전도 아니다.
같이 사는 사람임을 잊지 말자.**

건강한 관계를 위해

한 번씩 TV에서 두 손 꼭 잡은 노부부들을 볼 때가 있다. 머리가 하얗게 세고 주름이 자글자글하지만, 여전히 서로를 바라보는 눈이 애틋하다. TV 속 노부부를 보노라면 그 사람들이 그저 특별하다는 생각만 든다. 우리 부부는 과연 저렇게 늙을 수 있을까….

더없이 깊은 애정을 나누며 행복하게 오래오래 잘 살았습니다. 대부분 동화의 끝이다. 동화는 원래 잔인할 정도로 직설적이었지만 아이들을 위해 완전히 고쳐진 것이다. 고치려면 적당히 현실적으로 고치던가. 동화를 볼 때 특히 불만스러운 건 어떻게 오래오래 행복하게 잘 살았는지 나오지 않는다는 것이다. 오래오래 행복하게 잘 살았습니다, 그런 건 현실에선 피나는 노력 없이는 불가능하다. 우정이 되었든, 사랑이 되었든 활활 타오르는 장작 불은 언젠가 꺼지기 마련이다.

활활 타오르는 장작불까진 원하지 않고 잔잔한 숯불이라도 지켜 내었으면 하는데, 우리가 수없이 들어 알고 있는 인간관계의 해결책인 신뢰와 배려, 사랑 등등은 정말 말로만 쉬운 일이다. 어떠한 인간관계에서도 적용해 볼 만한, 아니 실천 가능한 해결책은 없을까? 태생이 배려심이 부족하고, 사랑이 절절 끓지 않는 데다, 믿음이라곤 실체가 없는 하나님한테만 있는 사람에게도 실천 할 수 있으면서 성공 확률도 높은 해결책을 제시해 본다.

불타는 사랑에 유예기간이 있는 건 사랑한다는 이유로 찰떡같이 붙어 지내기 때문에 오는 싫증 남이 원인이다. 적나라하게 상대방을 알아버려서 혹은 적응해버려서 상대에게 싫증 나게 된다. 그리고 그 사이사이 나 혼자 만든 기대이긴 하지만 내 기대에 못미치는 상대방에게 실망을 보태기도 한다. 혼자 떠드느라 상대방의 말을 듣지 않아 생긴 소통 부재까지, 갖은 이유로 싫증 나고 실망감이 생긴다.

내가 찾은 실천 가능한 해답은 먼저, 적당한 거리를 두는 것이다. 사실 법칙 같은 이치다. 집 나가 고생해봐야 집의 소중함을 알듯이, 떨어져 있어 봐야 함께하는 순간이 더 소중하다. 난로는 너무 가까이 가면 데이고, 너무 떨어지면 온기를 느낄 수 없다. 익숙함이 주는 편안한 관계를 유지하되, 마치 난로를 대하듯 약간의 거리를 두는 것이 좋다.

활활 타오르는 감정은 서로를 잘 몰랐을 때, 미지의 세계로의 로망같이 나만의 희망과 호기심이 만들어 낸 순간적인 감정이다. 그러니 최소한의 신비감이나 호기심이 유발되어야 잔잔하게라도 숯불이 타오를 수 있다. 그렇다고 신비감을 유지하기 위해 1년에 두어 번 보거나 상대가 궁금하라고 뭐든 숨길 정도로 멍청한 사람은 아니길 바란다.

적당한 거리감만으로는 당연히 부족하다. 두 번째는 적당한 거리를 두는 시간을 활용해 나를 발전시키는 것이다. 자기 일에 매진하는 모습이야말로 진정 매력적인 모습이라는 것을 모르는 사람? 설마 없겠지?!

한 번씩 남편이 일에 몰두하는 모습을 볼 때면 집에선 못 보던 낯선 모습에 괜히 멋지게 느껴진다. 우정 역시 마찬가지다. 내가 알던 상대방의 시시콜콜한 모습이 아닌 일상생활에서 보지 못했던 전문적인 모습을 볼 때면 상대방과 우정을 쌓고 있는 게 뿌듯하기까지 하다. 어렵게 생각할 필요는 없다. 우정이든 사랑이든 내가 그들에게 느끼는 호감을 반대의 관점에서 만들어내면 되는 것이다.

내가 나를 멋있다고 생각하는 순간이 온다면 관계에서 더 당당할 수밖에 없다. 거리감이 먼저건, 나를 발전시키는 것이 먼저건 상관없다. 나를 발전시키면 인간관계에서 거리감이 자연적으로 생길 것이고, 거리감을 먼저 둔다고 해도 남는 시간을 나를 위해 활용하면 된다. 인간관계의 테두리를 구성하되 지긋지긋한 관계들 속에서 한 발짝 물러나, 나를 찾고, 나의 발전을 꾀하는 것이 건강한 관계를 지키는 현명한 방법이다. '행복하게 오래오래 살았습니다.'가 더 이상 질투와 선망의 동화만이 아니게 된다.

**건강한 관계 속에는 그렇게 '당당한 나'와
'적당한 거리감'이 필요하다.**

외톨이는 모른다

친정엄마는 어릴 적부터 내게 수시로 조언했다. 친구도 많이 만들고, 연애도 많이 해본 뒤에 결혼하라고. 참고로 친정엄마는 23살에 연애 경험 없이 중매로 결혼했다. 사랑 따윈 없었고, 우정은 더더군다나 쌓지 못했다. 엄마가 결혼생활을 버텨낸 가장 큰 원동력은 우리 사 남매라고 자주 얘기하신다. 안타깝게도 우리의 머리가 어느 정도 자란 이후에는 아빠만큼이나 골칫덩어리들이 되었고, 나이가 든 지금은 다들 저 사는 게 더 바쁘다.

결혼하고 아이를 키우며 살아보니, 엄마가 결혼생활을 버텨낸 건 우리도 우리지만 마음을 나눌 친구가 있었기 때문이라고 생각한다. 엄마는 현재 나이 70을 바라보지만, 일주일에 세 번 이상 친구들과 모임을 하고 1년에 2~3회 이상 여행도 다니신다.

엄마를 보면 결혼생활에 자식 & 친구는 중요한 존재라는 생각을 굳히게 된다. 사실 자식보다 더 중요한 건 친구다. 늙으면 자식들은 가끔 챙길 뿐, 놀아주는 건 친구다.

 늙은 나와는 누가 놀아줄까? 딸아이는 당연히 지 사느라 바쁠 테고, 고향 친구들은 봐도 가끔이나 볼 테고, 이웃은 언제 바뀔지 모른다. 형제자매? 우리 사 남매는 그 유명한 서울 대전 대구 부산이다. 같이 노는 것도 그렇지만 외롭거나 절망적인 순간 전화 통화할 수 있는, 혹은 무작정 찾아갈 수 있는 친구가 한 명이라도 있다는 건 엄청 든든한 일인 게 분명하다. 그 든든한 존재를 만들어보려고 참 많이 노력했다.

 대구에서 상경해 서울에 정착한 나는, 토박이보다는 나와 같이 타지에서 마음 나눌 이를 찾는 이들과 주로 사귀게 되었다. 20대 때는 딱히 공통관심사가 없어도 동향이라는 이유로, 타지생활을 한다는 이유만으로도 막역한 사이가 되었던 것 같다. 하지만 30대부터는 서로에게 유용한 연결고리 없이는 만남이 쉽게 이뤄지지 않았다. 나와 마찬가지로 그들도 더는 타인에게서 의미를 찾지 못해서였던 걸까?

특히나 30대 이후에는 누군가 자신에게 가까이 다가오지 못하도록 투명한 벽을 세워 둔 느낌이었다. 그렇게 각자의 삶에 더 집중하는 듯 느껴지는 관계들이 많아져 갔다. 그 벽을 넘어 먼저 다가간다거나, 내 벽을 넘어오게 해 줄 의향도 딱히 생기지 않았다.

사실 나도 그렇고 모두 여전히 마음 줄 곳 없는 외로운 사람들이란 사실은 변함없다. 사는 것도 빠듯한데 친구는 무슨…. 이런 생각이 들다가도, 또 외로워지고, 사람의 온정을 찾게 되고…. 다시 또 벽에 막히고, 벽을 쌓고, 그렇게 반복하다 지쳐 점점 더 누군가에게서 의미를 찾지 않게 되었다.

되돌아보면 언제나 사람이 끊이진 않았지만, 언젠가부터 깊은 정을 나누진 못했다. 그래서 그런지 관계에는 언제나 끝이 찾아왔다. 반복되는 관계의 끝에서 어느 날부턴가 만날 인연이면 다시 만나게 되고, 인연이 없으면 어쩔 수 없는 거라며 미련도 가지지 않았다.

누군가를 사귀려 노력하지 않은 것도 모자라 곁에 있는 사람들조차도 나 몰라라 했다. 덕분에 한때 나는 최악의 외톨이였다. 스스로 우물 안으로 들어가 점점 더 외로움의 늪으로 빠져들었다. 우물 안에서 질식해 죽지 않은 건 행운일 정도다.

어느 날 남편이 나타났다. 정말 옷깃만 스칠뻔한 사이였다. 남편은 우연히 나의 우물 안으로 손을 내밀었고, 나는 어쩌다 그 손을 잡았다. 인연은 과연 운명인 걸까, 타이밍인 걸까? 누군가 결혼은 운명 같은 인연을 만나 하는 것이 아니라 그저 타이밍에 의해 하는 것이라고 했던 게 기억난다. 나는 그렇게 제일 친한 친구이자 든든한 조력자인 남편을 만났다. 늙어서 나랑 놀아줄 사람이 일단 한 명은 있다.

경로가 무엇이 되었건 우리를 변하게 만들고 행복하게 만드는 여타의 이유 중에 가장 강력한 힘을 가지고 있는 것이 사랑인 건 분명하다. 꼭 친구를 몇 명은 만들어라, 진정한 우정을 찾아라, 결혼하라는 것이 아니다. 그렇지만 혼자 행복한 사람은 없다. 우정이 되었든, 사랑이 되었든 다른 이와 나누는 정으로 인해 우리가 변하고 행복해지는 것은 분명한 사실이다. 든든한 것은 말할 필요 없다.

그 누군가가 의심과 걱정으로
아무것도 하지 않고 시간을 보낼 동안,
나는 또 한 번의 값진 경험을 했다는
사실만이 중요하다.

여우, 신 포도 그리고

《이솝 우화》를 보면 여우와 신 포도 이야기가 있다.

어느 날, 여우 한 마리가 길을 가다가 높은 가지에 매달린 포도를 보았다. "참 맛있겠다." 여우는 포도를 먹고 싶어서 펄쩍 뛰었다. 하지만 포도가 너무 높이 달려서 발이 닿지 않았다. 여우는 다시 한번 힘껏 뛰어 보았다. 그러나 여전히 포도에 발이 닿지 않았다. 여러 차례 있는 힘을 다해 뛰어 보았지만, 번번이 실패했다. 여우는 결국 포도를 따 먹지 못하고 돌아가야 했다. 돌아가면서 여우가 말했다. "어차피 시어서 못 먹을 거야."

처음 여우는 그 포도가 맛있으리라 생각했다. 그러나 포도를 따 먹을 수 없게 되자 원래 가졌던 믿음을 버렸다. 포도를 따기 어렵다는 현실을 인정하는 대신, 신 포도라서 손에 넣을 가치가 없다고 스스로 세뇌했다. 얻을 수 없는 것은 경멸하기 쉽다.

꽤 오랜 시간 나는 모든 일을 다 잘 해내고 싶은 욕심에 한 번에 많은 일을 시도했었다. 덕분에 일이 하나도 제대로 되지 않아 자주 좌절했다. 내게 과연 능력이나 의지가 있는 건지 회의감이 들 때가 많았다. 하지만 나는 모든 일을 잘 해내야 한다는 집착을 버리지 못하고 계속해서 자신을 채근했다. 성공하려면 성공한 사람처럼 생각하고, 말하고, 걷고, 심지어 그들처럼 차려입어야 한다고 했다. 이 말은 누구나 아는 비밀 같은 법칙이었고, 나 역시 찰떡같이 믿고 그대로 따랐다. 하지만 익숙해지지 않았다. 그럴수록 자신을 더 매몰차게 채근했고, 자신을 몰아칠수록 주위 사람들까지 힘들어지곤 했다.

'나는 뭐를 위해서 이러고 사는 걸까? 내가 정말 원하는 게 뭘까?'

끊임없이 고개를 쳐드는 의문에 더 지쳐갔다. 어느 날 '에라, 모르겠다.' 하고 멈춰 섰다. 그런데 막상 멈추고 나니 그 뒤가 문제였다. 빠르게 걷거나 잘 달리는 방법은 누구보다 잘 알고 있었다. 하지만 어이없게도 멈춰있는 것이나, 느리게 걷는 법을 몰랐다.

아무것도 안 하는 것 자체가 하나의 능력이었던 거다. 익숙하진 않지만, 오늘도 느리게 걷는 연습을 하고 있다. 돌이켜보면 평생을 통틀어 지금보다 느긋하게 산 적이 없다. 바쁜 일상도 없고, 한동안은 바빠지고 싶지도 않다. 일단은 지금이 참 좋다.

느긋하니 생각할 시간이 많다. 이전의 나는 지나칠 정도로 과도한 계획을 세우고, 커리어에 집착하고, 삶을 분석하고, 의미를 찾고, 성공을 좇았다. 거기에 보란 듯이 여러 마리 토끼를 다 잡고 싶어 했다. 지칠 만했다. 하지만…. 그게 과연 신 포도였을까? 신 포도는 현실 부정의 상징이다. 결국, 내가 지쳤다고, 의미를 찾지 못했다고 신 포도 취급을 해버린 것이다. 인생에는 미친 듯이 좇아야만 겨우겨우 잡을 수 있는 것이 있다. 그 길은 단연코 고되다.

나를 안다는 것, 자신이 원하는 것이 무엇인지 제대로 아는 것은 중요하다. 나를 알아야 무엇이 진짜 신 포도인지 알아낼 것이고, 그로 인해 가야 할 길이 더 잘 보이게 된다.

여전히 뭐든 잘하고 싶다. 솔직히 잘 못 하고 싶은 사람이 세상에 어디 있나. 고로 내가 가야 할 곳은 변하지 않았다. 다만 나는 지금의 느긋한 삶이 진심으로 좋다. 그래서 되도록 느리게 걸으면서도 가야 할 그곳에 도달할 수 있는 방법을 찾아내 보려 한다. 분명 미친 듯이 채찍질해대며 달리는 것만이 유일무이한 방법은 아닐 것이다.

얻을 수 없다고 경멸하는 것은 바보짓이다.

여전히 바라는 것투성이

"엄마, 놀아줘, 이거 사줘, 그거 하고 싶어, 여기 가고 싶어."

요즘 부쩍 할 수 있는 말이 많아진 딸아이가 자주 하는 말들이다. 이 말을 못 했을 때는 얼마나 답답했을까? 좀 더 어렸을 땐 자신이 원하는 것을 우는 것으로 표현했다. 이제는 원하는 것을 얻기 위해 말을 하거나 애교를 부리거나 진상을 떤다. 좀 더 자라서는 좋은 성적을 얻기 위해 열심히 공부할 것이다. 성인이 되어 취직해서는 좀 더 나은 연봉을 꿈꾸며 상사의 뒷바라지를 할 것이고, 언젠가 좋아하는 사람을 얻기 위해 그 사람의 비위를 맞출 것이다.

생각해보니 우리는 모두 이렇게 자랐다. 먹고 싶은 것, 입고 싶은 것, 갖고 싶은 것, 하고 싶은 것, 가고 싶은 곳 등등 원하는 것을 얻기 위해 노력하는 과정을 반복하며 어른이 되었다. 어른이 된 지금까지도 여전히 원하는 것이 많은 상태다. 차이점이 있다면 어른이 되고 나서는 경제적, 시간적, 육체적인 이유로 원하는 것을 어느 정도 선별해내어 노력을 보탠다.

가끔 할머니들과 이야기를 나눌 때면 "난 더 바라는 게 없어. 이 나이에 뭘 더 바라."라는 이야기를 듣게 된다. 그런데 그런 말 뒤에는 "그저 자식들이 행복했으면 좋겠고, 걱정 없이 살았으면 좋겠고, 호상이면 좋겠고…."라는 말꼬리가 달린다. 그렇게 자식들이 무탈하길, 당신의 죽음은 호상이길 소망한다. 결국, 늙어서도 여전히 바라고 만다. 이제 어리거나 젊은 사람들처럼 원하는 게 세세하진 않지만, 바라는 게 없다는 말과는 달리 여전히 소망한다.

인간은 죽는 순간까지 현실적인 시시콜콜한 것부터 추상적이고 원대한 비전까지 원하는 것을 끊임없이 떠올리고 소망한다. 원하는 것을 얻어내기 위해 바라고 행동하며 죽을 때까지 이 과정을 반복한다. 작든 크든 끊임없이 무언가를 갈구하는 데 시간과 노력을 사용한다.

내가 원하는 것을 얻기 위해서 때론 기다리고 돌아가고 뛰기도 하고 넘어지기도 하면서 얻거나 얻지 못하기도 한다. 우리는 이 과정을 통해 자신만의 데이터를 쌓아 어느새 가능하거나 가능하지 못한 것들을 선별해 낼 수 있게 된다.

부정적인 데이터가 더 많이 쌓여버린 사람도 많다. 조금만 더 노력하면 얻을 수 있는 것들을 자신도 모르게 쌓인 부정적인 데이터를 과신한 채 소망하는 자체를 거부해버리고 만다. 가장 안타까운 사람들이다. 차라리 말로는 아닌 척해도 바라는 것을 얻기 위해 뒤에서라도 노력하는 것이 훨씬 더 나아 보일 정도다.

하지만 그들은 자연스럽게 또 먹고 싶은 것을 떠올리고, 입고 싶은 것, 가고 싶은 곳, 하고 싶은 것을 떠올린다. 현실적이건 추상적이건 소망하기를 그만두는 것은 애초에 불가능하다. '에이, 내 주제에….' 분명히 안 될 거라고 입으론 말하지만, 여전히 머릿속은 원하는 것투성이다.

딸아이는 아직은 무조건 말부터 한다. 사실 아이의 노력이라고 해봐야 고작 말뿐이다. 그렇게 지겹도록 뱉어내다 어느 날엔가는 자신만의 데이터를 갖게 될 것이다. 아이의 소망은 무분별해서 금지와 한계를 가르쳐야만 한다. 물론 문득문득 두려워진다. 과연 내가 한계를 명확하게 가르칠 수 있는 사람인가. 그러나 자신 없지만 해야 한다. 안 되는 것과 되는 것을 가르치되, 원하는 것을 어떻게 하면 가질 수 있는지를, 어렵게 얻었을 때 더 소중하고 가치가 크다는 사실을 더 중점적으로 가르칠 것이다.

역시 백번 생각해도 엄마는 어렵다.

개인적으로 초 부정도 못마땅하지만, 초긍정도 좋아하지 않는다. 그들은 자주 비현실적이기 때문이다. 현실은 고작 택시 하나 타는데도 하염없이 기다려야만 할 때가 있는 법이고, 때론 일껏 기다리다 누군가에게 새치기를 당할 때도 있다. 자주 성질이 더러운 택시기사님을 만나기도 한다. 수시로 삐걱대고 시도 때도 없이 걸림돌이 나타난다. 현실은 녹록하지 않고 이제껏 자신이 쌓아 온 데이터도 부정적일 수 있다. 하지만 안 해보고 후회하는 것보다는 해보고 후회하는 게 낫다. 얻을지, 얻지 못할지는 일단 하고 난 뒤에 생각하는 거로!

나이 들어서 후회가 많아지는 건
못해본 것들이 너무 많아서다.

제8장

**당나귀 주인은
가고 싶은 곳으로 간다**

불가능한 것을 이루는 유일한 방법

영화나 드라마를 보면 '평균 이하의 사람이 어떠한 계기를 통해 꿈을 갖고, 시련을 이겨낸 뒤 결국 행복하게 잘 먹고 잘 살았습니다.'라는 스토리가 많다. 대부분 드라마가 이런 스토리 구성이니 얼마나 많은 사람이 이런 스토리를 좋아하는지는 말할 필요도 없다.

'에이 씨, 저럴 줄 알았어!' 주성치 감독의 〈신 희극지왕〉을 보며 어김없이 내뱉었던 말이다. 여자 주인공은 정말 못생긴 데다, 연기력도 연출도 없는 무명의 단역배우다. 그녀의 노력은 정말 구질구질하다 못해 짜증을 불러일으킬 정도다. 꿈도 사랑도 그저 처참하기만 한 그녀는 결국 포기를 떠올린다. 하지만 시련의 시간은 오히려 그녀에게 찐 연기력을 선사하고 그렇게 그녀는 진정한 여배우가 된다. 평균도 감사할 정도의 조건, 눈물나는 노력, 처참한 시련, 억척스러운 버팀, 해피엔딩. 다섯 박자가 골고루 분포된 뻔한 스토리다. 그녀가 대 여배우가 된 뒤, 찌질해 보이는 어느 단역배우에 조언한다. "포기하지 않다 보면 언젠가는 빛을 보게 된다."라고. 그렇지! '포기하지 않고'라는 말 안에 얼마나 많은 시련이 포함될지는 직접 겪어봐야 아는 것일 테니까 이 정도 조언이면 됐지, 뭐.

뻔하고 비현실적인 스토리라고? 그 말도 맞다. 사람의 의지력이 그리 대단하지 않다. 거기에, 보통의 우리는 꿈을 좇는 삶을 살지도 않는다. 대부분 적당히 나를 먹여 살릴만하면서, 적당히 능력에 맞는 일을 한다. 그래서 일을 함에 있어 자주 가성비를 떠올린다. 그러다 보니 자주 지치고, 자주 의지력을 상실하고, 그렇게 자주 포기하고 만다.

누구는 불가능할 것처럼 여겨지면 포기하고, 누구는 가진 게 부단함뿐이지만 버텨낸다. 사람들은 자주 절대 못 한다는 말을 입버릇처럼 내뱉곤 한다. 하지만 아무것도 안 하는 사람은 있어도 아무것도 못 하는 사람은 없다. 누구나 그게 무엇이건 어느 정도까지는 할 수 있는 역량을 가지고 있다.

대리만족을 위해 빼 먹지 않고 보는 TV 프로그램들이 있다. 〈무한도전〉이 끝난 건 정말 아쉽다. 무모한 도전이라니, 제목만으로도 대리만족이 된다. 장수프로그램인 〈생활의 달인〉 역시 꼬박꼬박 보는 프로그램 중 하나다. 〈생활의 달인〉에는 배달의 달인, 정리의 달인 등 듣도 보도 못한 온갖 달인들이 나온다. 속도나 감각이 마치 기계와 같은 사람들을 보면 입이 다물어지지 않는다. 드는 생각은 언제나 같다. '얼마나 노력했을까? 나라면 과연 할 수 있었을까?'

어느 날엔가 사랑하는 가족을 위해 포기하지 않고 노력하다 보니 이 분야에서 달인이 된 것 같다고 얘기하는 말이 귀에 박혔다. 우리가 자주 잊어버리고 마는 그 힘! 사랑의 힘은 위대하다. 그 일을 좋아하기 때문에! 혹은 딱히 일이 좋아서가 아니더라도 누군가 때문에! 이 동기는 엄청난 힘을 발휘한다. 기본적으로 타고난 성향도 무시할 수 없지만, 우리는 대체로 감정에 동기를 얻어 그 일에 더욱 노력을 기울이게 된다. 때로 내가 잘하는 일이 꿈 꾸던 일은 아닐 수 있지만 죽지 못해 하는 일을 잘할 순 없는 법이다.

방향이나 목적의식이 없더라도 우리는 무슨 일인가를 하고 어디론가 갈 수 있다. 하지만 목적의식을 가지고 어딘가에 가는 경우라면 반드시 가야 하는 그곳에 도달하기 위해 해야만 하는 행동이 따르기 마련이다. 각자가 처한 상황이 어떻든 목적을, 가야 할 곳을 정한 사람에게는 의지가 할 수 있는 힘을 만들어 준다.

물론 예술적인 일이나 창의적인 일이라면 타고난 감각은 무시할 수 없는 능력이다. 모차르트와 살리에리의 이야기는 너무 유명하니 하지 않겠다. 하지만 천재였던 모차르트가 있었다면, 질투의 화신이었던 노력파 살리에리 역시 무시할 수 없는 능력자였다는 것을 우리는 기억해야 한다. 감정적 동기와 노력이 결합한다면 그 힘은 엄청나다. 다시 말하지만 뛰어나게 잘하는 분야, 타고난 감각은 분명히 있다. 노력한다고 누구나 모차르트가 될 수는 없다. 하지만 살리에리는 될 수 있다.

물론 어제 포기한 나도, 막막하지만 오늘도 포기하지 않은 나도, 모두 자신의 상황에서는 제일 나은 선택일 것이다. 누구도 나만큼 책임감을 느끼고 내 인생을 책임져 줄 수 없으니까. 당연한 거 아닌가! 하지만, 현대그룹 창업주인 (故) 정주영 회장은 지겹도록 말했다. "무슨 일이든 할 수 있다고 생각하는 사람이 해내는 법이다. 의심하면 의심하는 만큼밖에 못 하고, 할 수 없다고 생각하면 할 수 없는 것이다."라고. 날 때부터 대단한 사람이라 잘 해내는 것이 아니라, 그저 매일 할 수 있다고 생각하는 내가 점점 더 많은 것을 해내는 것뿐이다.

내가 노력을 배신할지언정
노력은 나를 배신하지 않는다.

때로 내가 잘하는 일이
꿈꾸던 일은 아닐 수 있지만
죽지 못해 하는 일을
잘할 순 없는 법이다.

나이 먹는 것, 생각보다 괜찮은 일

인스타그램을 뒤적이다 발레리나 강수진의 인터뷰 내용을 보았다. 청춘 시절로 돌아가고 싶지 않으냐는 질문에 강수진은 절대 청춘 시절로 돌아가고 싶지 않다고 말했다. 자신의 발레 동작과 독특한 감정을 익히는 데 청춘을 모두 바쳤기 때문이라고. 그녀는 청춘으로 돌아가기보다는 오히려 더 늙은 자신의 모습을 꿈꾼다고 한다. 지금보다 더 완벽한 연기가 무엇인지 깨달을 수 있을 거라는 생각 때문이다.

인생은 고비를 넘길수록 완성도가 높아진다.

젊을수록 작은 고난도, 역경도 힘들기만 하다. 마음은 또 얼마나 오르락내리락 반복하는지 모른다. 그 모든 시간을 이겨내고 결국 지금의 단단한 내가 만들어졌다. 얼마 전 흰머리가 난 걸 보고 잠시 우울해한 적이 있다. 그러고 보니 못 보던 주름도 생겼다. 나도 늙는구나, 싶다가 이내 흰머리와 주름이 대견해졌다. 흰머리와 주름이 생기도록 고민을 많이 한 거라고, 생각을 달리하니 그저 애틋해졌다.

나 역시 청춘 시절로 돌아가라고 한다면 백만 퍼센트 거절이다. 지금의 모든 기억을 그대로 가지고 청춘 시절로 돌아가라면…. 한 번쯤 고민은 될 듯하다. 하지만 역시나 거절하고 싶다. 지금의 나와 내 삶이 좋기 때문이다. 지금의 삶, 지금 내가 가진 지식이나 경험만이 아니라 우여곡절 끝에 만난 남편과 그렇게 생긴 딸아이 덕분에 나는 지금 충분히 행복하다.

남편과 우스갯소리로 하는 얘기 중의 하나가 바로 우리가 만난 과정이다. 남편을 만난 시점은 실패로 인해 좌절감에 빠져 있던 시절이었다. 될 대로 되라는 심정으로 망가지고 싶었고, 숱한 밤을 술자리를 전전했다. 그 와중에 남편을 만났고 마치 운명처럼 여겨지는 사랑을 했다. 우여곡절 끝에 세상 사랑스러운 우리 두 사람의 딸아이가 태어났다.

과거의 실패와 좌절, 방황조차도 그래서 감사하다. 마치 남편을 만나기 위해 일어나야 할 일이 일어난 기분이다. 영화 〈나비효과〉를 보면 과거를 바꾸면 현재도 바뀐다. 혹시 과거를 돌려 또 다른 결과로 이 두 사람이 내 인생에서 사라진다는 상상만 해도 끔찍하다. 두 사람은 내 인생에 있어 가장 축복받은 선물인데 어찌 상상으로라도 그 둘을 잃고 싶겠나. 과거에 나는 힘들었다. 하지만 그 순간들이 있었기에 금쪽같은 딸아이와 남편이 지금 내 곁에서 함께 하고 있다.

물론 고난과 역경은 여전히 찾아온다. 수시로 닥쳐드는 고난과 역경 앞에서 아직도 마음이 오르락내리락하지만 그래도 젊은 시절보다는 받아들이는 게 훨씬 수월하다. 확실히 더 단단해졌다고 스스로 느낀다. 이제는 삶에 요령도 생겨 죽자고 덤비지도 않는다. 덕분에 적당히 일하고, 적당히 놀고, 적당히 달달하며, 스스로 만족하기 위해 선택과 집중을 한다.

해야 할 일은 여전히 남아 있다. 여전히 자신도 없고, '이거다.' 싶은 답을 찾지도 못했다. 그래도 나는 나를 믿는다. 10년 전보

다 지금이 더 나은 것처럼, 10년 후에도 분명 지금이 더 낫다고
얘기하리라는 것만큼은 안다.

아는 것도, 할 수 있는 것도,
소중한 것도 더 많아
나이 들어간다는 건 꽤 괜찮은 일이다.

에필
로그

〰〰〰

여러분, 우리는 음악도시의 시민들입니다. 매일 밤 열두 시에 이 도시에 모이는 우리들은 사실 외형적인 공통점은 그다지 없습니다. 직업, 거주지역, 성별, 주위 환경 이런 게 다 달라요. 그냥 우리 공통점은 단 하나, 우리가 글쎄요. 제가 생각했을 때는, 아직 꿈을 가지고 있는 사람들이고, 그래서 남들이 우리를 푼수라고 부를 가능성이 아주 농후하다는 거죠.

저는 '왜 사는가?'라는 질문에 대답하고 싶어서, 그 사춘기적인 우쭐함, 그런 거로 건방지게 철학과로 진학했었고, 근데 학문에는 재주도 없었고, 가보니까 또 그런 게 아니었고 해서…. 왜 사는가라는 질문에, 그 대답을 포기하고 그냥 잊고 사는 게 훨씬 더 편하다는 것, 그런 것만 배웠습니다.

그리고 음악도시를 그만두는 이 시점에 와서야 그 질문에, 왜 사는가라는 질문에 자신 있게 이제는 대답을 할 수 있게 된 것 같아요. 그 대답은 우린 왜 사는가 하면, 행복해지기 위해서라는 겁니다. 아, 뭐, 자아실현, 이런 거창한 얘기 말고, 그냥 단순 무식하게 얘기해서 행복하게 되기 위해서! 그리고 우리가 찾고 있는 그 행복은 남들이 우와! 하고 막 바라보는 그런 빛나는 장미 한 송이가 딱 있어서가 아니라, 이게 수북하게 모여 있는 안개꽃 다발 같아서 우리 생활 주변에서 여기저기에 숨어있는 그 쪼그마한 한 송이 한 송이를 소중하게 관찰하고 주워서, 모아서, 꽃다발을 만들었을 때야 그 실체가 보이기 시작합니다.

우리가 음악도시에서 나눈 이야기들은 정치, 경제 토론도 아니었고요. 그냥 가족, 학교, 꿈, 인생 얘기였고, 인류애나 박애 정신, 그런 게 아니라요. 부모, 형제, 친구들, 실연, 첫사랑, 이런 얘기였지 않습니까? 이 하나하나가 작은 그 안개꽃 송이였던 거고 우리가 이미 갖고 있는 행복인 거죠. 우리는 은연중에 그런 것들을 무시하도록 교육을 받았고요. 더 나아가서 세뇌를 받고 자꾸만 내가 가진 것을 남들과 비교하려고 합니다. 종착역도, 안식도, 평화도 없는 끝없는 피곤한 여행이 될 뿐이에요. 그러면 인생살이는 지옥이 될 거라고 생각해요. 인생이 여행이라고 치면 그 여행의 목적이 목적지에 도착하는 게 아니라, 창밖도 좀 보고, 옆 사람하고 즐거운 얘기도 나누고, 그런 과정이라는 거, 그걸 예전에는 왜 몰랐을까요?

많은 사람의 이름하고 목소리가 떠오릅니다. 우리 꿈 많은 백수, 백조들, 제가 얼마나 백수들을 사랑하는지…. 또, 왕 청승 우리 싱글들, 발랑 까진 고딩들, 자식들보다 한술 더 뜨던 그 멋쟁이 푼수 부모님들, 또 "나는 여자 친구의 완벽한 노예다."라고 자랑하던 그 귀여운 자식들, 그리고 속으로는 속마음은 완전히 학생들하고 한 패인 그 선생님들, 아이스크림 가게의 아저씨, 또 청춘이 괴로운 군바리….

음악도시가 자리를 잡고 나니까 신해철이 아니라 여러분들이 많은 사람에게 화젯거리가 됐었죠. 여러분들이 바로 나의 프라이드고, 자랑이고 그랬어요. 자, 이 도시에서 우리는 '혹시, 남들도 나 같은 생각을 하는 사람들이 조금은 있지 않을까?'라고 조마조마해 하던 것들을 사실로 확인했잖습니까! 이 도시에서 말이죠.

현재 우리 국가와 사회를 지배하는 이데올로기가 있죠. 인생은 경쟁이다. 남을 밟고 기어 올라가라. 반칙을 써서라도 이기기만 한다면, 딴 놈들은 멀거니 쳐다볼 수밖에 없다. 미래를 위해 현재를 반납해라. 인생은 잘 나가는 게 장땡이고, 자기가 만족하는 정도 보다는 남들이 부러워해야 성공이다. 이런 논리들이요. 우리는 분명히 그걸 거절했었습니다.

이곳은 우리들 마음속에만 존재하는 가상의 도시지요. 현실적으론 아무런 힘이 없어 보이지만 우리랑 같은 사람들이 있다는 걸 확인한 이상 언젠가는 경쟁, 지배, 이런 게 아니라 남들에 대한 배려, 우리 자신에 대한 자신감, 이런 걸로 가득한 도시가 분명히 현실로 나타날 거라고 믿어요. 잘 나가서, 돈이 많아서, 권력이 있어서가 아니라…. 그렇게 된다면 우리는 대통령도, 재벌도 우리랑 비교할 필요가 없을 거고요. 여러분이 그 안개꽃 다발, 행복을 들고 있는 이상 그 누구도 여러분을 패배자라고 부르지 못할 겁니다.

여러분은 여러분 스스로에게는, 언제나 승리자입니다.

(故) 신해철은 라디오 〈음악 도시〉 마지막 방송에서 "우린 왜 사는가?"라는 질문에 대해 "자아실현, 이런 거창한 얘기 말고, 그냥 단순 무식하게 얘기해서 행복하게 되기 위해서!"라고 말했다. 과연 이것만 한 정답이 또 어디 있을까? 어린 시절부터 어른이 된 지금까지 한결같이 내가, 우리가 마음속 깊이 바라는 것은 결국 이것이다.

행복하게 잘 먹고 잘 사는 것!

　나 역시 여전히 그 길을 찾기 위해 애쓰는 중이다. 행복하게 잘 사는 기준은 물론 모두 다르다. 하지만 한 가지는 같다. 우리는 모두 이미 안개꽃 다발을 가지고 있는 사람들이라는 것! 당신과 나 우리는 여전히 유망주도 실패자도 아니라는 것! 이것만큼은 모두가 같다.

　누군가에게 내가 사는 이야기가 작은 도움이 되기를 바라며, 무엇을 하건, 하지 않건, 당신이 언제까지나 잘 먹고, 잘 자고, 행복하게 잘 살기를 소망한다.